图书馆管理与服务创新研究

郭晓红　著

吉林科学技术出版社

图书在版编目（CIP）数据

图书馆管理与服务创新研究 / 郭晓红著． —— 长春 ：
吉林科学技术出版社，2020.10
　ISBN 978-7-5578-7774-3

　Ⅰ．①图… Ⅱ．①郭… Ⅲ．①图书馆管理－研究②图
书馆服务－研究 Ⅳ．① G251 ② G252

　中国版本图书馆 CIP 数据核字（2020）第 198448 号

图书馆管理与服务创新研究

著　　者	郭晓红
出 版 人	宛　霞
责任编辑	冯　越
封面设计	马　涛
制　　版	吴　莉
开　　本	16
字　　数	220 千字
页　　数	164
印　　张	10.25
印　　数	1-500 册
版　　次	2021 年 3 月第 1 版
印　　次	2021 年 3 月第 1 次印刷
出　　版	吉林科学技术出版社
发　　行	吉林科学技术出版社
地　　址	长春净月高新区福祉大路 5788 号出版大厦 A 座
邮　　编	130118

发行部电话／传真　0431—81629529　　81629530　　81629531
　　　　　　　　　　81629532　　81629533　　81629534

储运部电话　0431—86059116

编辑部电话　0431—81629520

印　　刷	北京宝莲鸿图科技有限公司
书　　号	ISBN 978-7-5578-7774-3
定　　价	60.00元

前　言

　　随着现代信息技术的快速发展，新观念、新技术、新形式层出不穷，为社会生活带来了重大变革。在现代信息网络技术的大环境中，图书馆亟需面对的问题就是如何对自身的发展路径与方向进行有效选择。这就需要图书馆对自身的管理与服务工作进行有效创新，以便更好地落实管理与服务工作，从而提升公共图书馆的吸引力，促进其更好地发展。

　　图书馆的发展情况是衡量某个国家或区域文明状况的重点标志。只有不断地进行创新，才能够提升图书馆工作的生机与活力，使图书馆的发展更加符合社会要求。创新是民族不断进步的灵魂，是促进国家快速发展的不竭动力，只有不断地进行创新，才能够获得持续发展。所以公共图书馆管理、服务工作的不断创新，是促进图书馆现代化发展的重要动力。

　　需求可以有效推动发展，而读者需求是改变图书馆服务工作的重要导向。所以如何为读者提供满意服务，尤其是根据读者的不同需求提供相应的个性服务，是图书馆需要重点解决的问题。特别是随着数字化时代的快速发展，读者可以从互联网上轻松地获取所需信息，这就更加需要图书馆工作人员对服务工作进行有效创新，依据读者的需求对图书馆的服务与资源进行适当调整，例如，提供数字讲堂、信息搜索、特殊人群服务等，以提升图书馆的吸引力。

　　总而言之，公共图书馆管理与服务创新是一项十分艰巨的工程，想要顺利地落实与发展，首先要做到理念创新、模式创新，让图书馆员工深刻认识到创新的重要性，并且让大家实实在在感受到创新带来的效果；其次要做到制度创新，抓住关键点，注重对员工的培训与激励，在增强其综合素质和业务水平的同时，提升其工作积极性和创造性。此外，还需要探索新技术，做好延伸服务，并且进行人性化管理与服务，为读者营造更好的阅读环境。只有这样才能够扎实促进图书馆管理与服务的创新工作，促进图书馆的良好发展。

目录

第一章　现代图书馆管理

我国图书馆事业有着悠久的历史，早在公元前2000多年就出现了最早的图书馆。在漫长的岁月里，有关图书馆的管理，经历了不同的阶段。直到20世纪初，因为整个社会的变革、中西文化的碰撞和交融，我国图书馆管理才由以藏为主的藏书楼管理体制，改为以用为主的管理体制。而随着信息化时代的到来，传统的图书馆发生了巨大的变化，图书馆的现代化建设正从自动化管理向信息化、数字化、网络化、虚拟化的管理方向发展。

第一节　现代图书馆的管理理论

随着信息化时代的到来，现代图书馆的作用日渐彰显。然而，由于一些图书馆存在着管理理念落后、管理手段粗疏的缺点，致使图书馆界整体管理水平相对低下，现代图书馆的管理效能不能充分实现，离社会对图书馆的要求和图书馆自身所能够发挥的作用相距很远。同时，当今的图书馆管理研究，还存在着理论储备不足的缺陷，大多数研究，仅局限于就现象谈现象，缺乏理论深度。本节力图通过评析管理理论，从中寻求适合图书馆发展运作的管理理论，为现代图书馆管理理论研究尽些力。

一、近代以来主要管理理论概述

管理就是通过和依靠正式组织团体中的人们去完成任务。通过建立一个环境，对组织的任务进行编组，使人们能够通过个人的工作和集体的合作来达到既定目标。

（一）系统管理理论。

这种理论流行于20世纪中期，代表人物是美国管理学者切斯特·巴纳德，他认为组织是一组相互联系和相互制约的要素，并按一定方式形成的整体。组织要想达到它的目标，各组成要素要围绕组织目标开展活动，管理者要对各种要素加以协调，确保组织目标的实现。

（二）决策管理理论。

决策管理理论的代表人物是赫伯特·A·西蒙，他特别强调决策在管理中的作用，甚至将决策等同于管理，认为决策工作贯穿于管理工作的始终，并且最优决策的状态是无法达到的，只要能够做出合理的决策就可以了。

（三）权变管理理论。

权变管理理论是 20 世纪 70 年代形成的，也称为情境方法，是通过具体问题具体分析，找出解决问题的方法。权变管理理论否认存在最佳的管理方法，认为方法的应用要根据环境的客观情况，因地制宜，采取不同的管理方法。权变管理理论重视对组织内部条件和外部环境的分析，环境的不确定性程度影响着管理过程。

（四）管理科学理论。

这种理论也称为运筹学或定量方法，主要是利用大量的应用数学、统计学、计量学等定量研究工具，通过建立模型，寻求问题的最佳解决方法。定量方法的影响程度有限，主要是因为这种方法掌握起来有一定难度，许多管理者不熟悉数量工具，很多问题又很难通过量化指标来评价，同时，行为变量过多，也难以确定。

（五）战略管理与竞争战略管理理论。

战略思想应用于企业管理是从 20 世纪 50 年代开始，60 年代后进入高潮，到 70 年代，战略管理形成一门独立的学科。战略管理主要研究的是组织整体发展规划的问题，侧重于回答组织在竞争环境中如何适应环境的变化，如何树立竞争优势的问题，为组织的发展指明道路。

（六）知识管理理论。

知识管理的理论与实践源于 20 世纪 80 年代初期，80 年代末逐渐兴起，许多知识管理的项目开始实施，有关论文和著作纷纷涌现。知识管理就是通过把组织的信息处理能力、组织成员的创新能力、组织的文化和制度结合起来，提高组织的核心竞争力，增强组织对环境的适应能力。知识管理的一个重要方面就是建立学习型组织，学习型组织的核心在于通过解决问题和提升员工的学习能力来获得和保持竞争优势。

二、图书馆管理理论的发展

黄宗忠认为，管理是一种生产力，是联系图书馆各要素之间的纽带。他把图书馆管理定义为计划、组织、指挥、控制、协调图书馆工作中的人力、物力、财力的合理运用，达到以最少的消耗来实现图书馆的既定目标，取得最好的效果，完成图书馆任务的过程。图书馆管理学是一门综合性的应用学科，具有整体性、联系性、有序性、均衡性和目的性的特点，以图书馆系统的管理活动为研究对象。

（一）图书馆的经验管理。

图书馆经验管理自建国初到 20 世纪 90 年代一直占主要地位，实践证明，这种管理体制存在一定的欠缺。图书馆的经验管理就是凭个人或群体过去的实践所获得的知识与技能进行管理，既不考虑社会的发展与变化，也不考虑创新，过去怎样做，今天仍怎样做。

图书馆经验管理主要有三种表现：①凭单位过去的经验管理；②凭领导个人的经验管理，领导来自哪个行业，就用哪个行业的方法管理图书馆；③凭图书馆馆员的经验进行管理。主要形式是以老带新，代代相传。从这些表现可以看出，在不否认人类宝贵经验的基础上，单纯的经验管理存在很多问题，如管理体制不健全、工作效率低、管理目标模糊、管理方法手段落后等等，虽然在经验管理下的图书馆也取得了一定发展，但多是量的扩大，少有质的提升。

（二）图书馆的目标管理。

图书馆目标管理的主张是建立在管理过程学派、经验主义学派、行为学派、社会系统学派、决策理论学派、数学学派等许多理论家或思想学派对基本管理理论和实践所做的贡献的基础之上的，沃伦·B·希克斯认为目标管理理论是一种最适合于当今图书馆特点的理论，因为目标管理理论确实吸取了各种管理理论系统的不同部分，并将其结合起来而得到发展。

在目标管理中，目标被认为是一个要达到的条件，或者是一个为实现现代图书馆利用多载体资源这一理想必须具备的条件，任何一个特定的现代图书馆，在进行图书管理的过程中应该纳入目标管理。图书馆目标管理兴起于20世纪80年代末，但没有形成较大的影响，持续时间也不够长，因为目标毕竟不够稳定，会随着社会和科学技术的发展而不断更改，这不利于工作的连续性，有时可造成管理上的脱节。

（三）图书馆的权变管理。

权变管理理论是20世纪70年代在美国兴起的，黄宗忠先生在文献中建议将权变管理理论应用于图书馆管理中，使图书馆管理的思想、方法、方式等与变革的社会环境相适应。因为图书馆管理是一个动态的过程，要与图书馆的特定外部环境，如出版发行部门、读者、竞争者等的变化活动相适应，并适时采取相应的管理对策。

权变管理理论应用于图书馆的管理思想上，可以解放图书馆管理观念，建立辩证管理、立体管理、应变管理、扬弃管理、实事求是管理的思想。权变管理理论应用于图书馆人事管理上，应把握好四点，即馆员的需求、管理的方式、馆员的素质和对馆员的激励。权变管理理论在图书馆组织结构方面的应用包括以下三项内容：①权变组织观的最终目的在于提出最适宜于具体情况的组织结构设计和组织管理行动；②根据不同国情、馆情，设计和选择适宜的组织结构；③组织结构的变革要重视实验。此外，权变管理理论还可应用于图书馆领导方式上。由于图书馆所处的外部特定环境是不受图书馆直接控制的，所以权变管理理论对图书馆管理来说过于复杂，也没有得到广泛应用。

三、现代图书馆管理理论的创新

（一）学习型组织理论。

学习型组织 (Learning Organization) 理论是 20 世纪 90 年代以来在管理理论和实践中发展起来的一种全新的管理理念，是知识经济时代、信息社会的产物。学习型组织理论的创始人美国著名管理学家彼德·圣吉给其理论下的定义为：通过培养弥漫于整个组织的学习气氛，充分发挥员工的创造性思维而建立起来的一种有机的、高度柔性的、扁平的、符合人性的、能持续发展的组织。这种组织具有持续学习的能力，具有高于个人绩效总和的综合绩效。

学习型组织理论之所以能应用在图书馆管理中，是因为学习型组织与图书馆有许多相似的地方，最显著的表现在两方面：①学习型组织与图书馆均重视人的因素；②学习型组织与图书馆都是知识型的组织。学习型组织的理论主要体现在彼得圣吉提出的"五项修炼"，强调知识的重要性、个人的潜能、合作与共享的意识、团体的创新精神等。作为一整套管理模式来看，它包括管理目标、管理者与被管理者的关系、管理方式、管理技术、管理文化等管理的诸多方面，包含着以人为本、知识共享、自我超越等管理价值观，因而是一种宏观管理理论。它不但适用于企业管理，而且适用于所有组织，包括图书馆组织。

图书馆作为信息和知识的集散地，是进行知识的生产和传递的知识型组织，而学习型组织是通过学习，熟练地创造、获取和传递知识的组织，同时，也善于修正自己的行为，以适应新的知识和见解。图书馆的工作性质和学习型组织的学习目标是一致的，"工作与学习融为一体"，可以直接影响工作绩效的提高，因而图书馆更应该成为学习型组织。

（二）人本管理理论。

所谓人本管理，就是以人为本的管理。管理的本质在于激励、引导人们去实现预定的目标；应当把人视为管理的主要对象和组织最重要的资源，全面开发人力资源；根据人的思想和行为规律，运用各种激励手段，充分调动人的积极性，发挥人的创造性，从而使组织活力不断增强。

人本管理理论是现代比较流行的一种管理理论，根据图书馆自身的特点，比较适合应用这一管理理论。主要有三点：

1.图书馆是以人为主体组成的。图书馆没有人的运作，再好的设备也不能正常发挥其功能。

2.图书馆是依靠人进行管理活动的。图书馆的各项管理环节均需要人去调控，人始终居于中心地位，发挥主导作用。

3.图书馆最重要的资源是人才。对人才的合理配置是图书馆管理始终追求的目标。

图书馆人本管理是指在研究馆员心理和行为的基础上采用非强制性方式，在馆员心中产生一种潜在的说服力，从而把组织意志通过激励、互补、协调、软控制变为馆员自觉的行动，目的在于通过对馆员有效地激励；通过对图书馆工作环境的改善、和谐工作氛围的营造；通过对馆员进行分层次、有针对性的培训和教育；通过对馆员真诚地尊重、充分地信任，最大限度地调动馆员工作的主动性、积极性和创造性，从而促进馆员自身全面自由的发展，达到图书馆各方面工作的全面提升。美国图书馆学家施蒂格指出：人本价值观念是图书馆职业的核心。著名的图书馆学家谢拉更是明确主张图书馆"实质仍然是人本主义的……，图书馆学始于人本主义"。实践证明，图书馆因读者对信息的需求而存在，因馆员勤奋而努力的工作而发展，人是图书馆存在的基础和发展的动力，实施人本管理是图书馆发展的必然。

第二节　图书馆的质量管理

在信息化和市场经济日益完善的社会中，个体、社会对图书馆的服务水平和能力提出了更高的要求。人们获取所需知识和信息的途径是自由而多样的。因此，假如图书馆继续沿用传统的质量管理理念和服务方式，必然会导致图书馆读者的大量流失，这就会缩小图书馆的服务领域，极大地削弱图书馆存在的社会价值。

一、图书馆全面质量管理的含义

全面质量管理（TQM）起源于美国。它原是企业界的一种管理思想和管理实践，它是以人为本的管理模式，强调全过程、全部门和全员的质量管理。从 20 世纪 80 年代开始，一些图书馆开始引进 TQM 模式。当今，作为一种新的有效管理模式，TQM 已经得到国内外图书馆学者的广泛认同。

图书馆全面质量管理是指图书馆为保障和提高服务质量，动员各部门和全体员工，综合运用管理技术、专业技术、思想教育、经济手段和科学方法，建立健全服务质量保证体系，对服务的全过程实行有效控制，从而经济开发、设计、生产和提供用户满意的产品和服务，做到最好质量、最低消耗、最优生产和最佳服务，最终实现不断提高服务质量的目标。

图书馆全面质量管理的主要内容是：其一，全面的质量概念，是指服务的质量是由工作质量、工序质量、信息质量、人员质量、系统质量、目标质量等构成。其二，全过程的质量管理，是指图书馆质量管理要从图书馆的业务流程、工作环节、服务方式和手段、服务理念等不同层次彻底解决图书馆的质量问题。其三，全员参加，就是从图书馆高层领导者到一般员工都参加到质量管理工作中来，都要有强烈的质量意识，把提供高质量的产品和服务作为自己的职责，认识到只有每个人都保持工作的高质量，整个图书馆才能以高质量的形象出现在读者面前。这就要求图书馆全体员工树立"服务质量，人人有责"的意识，营造一个人人关心服务质量、人人为服务质量负责的良好环境。

二、实施质量管理的条件

（一）树立质量意识

在信息时代，所有的图书馆员都要树立质量意识，认识到质量是成功实施全面质量管理的前提保证。图书馆工作人员的质量意识是促进服务质量提高的重要思想基础，有了强烈的质量意识，就会有强烈的工作责任感，就不会忘记自己的职业道德，就会干出一流的工作。质量意识淡薄，提高服务质量也就成为一句空话。近年来，图书馆重藏轻用的观念已经有所转变，现代图书馆越来越提倡将读者放在各项工作的第一位。而读者最为重视的是当他们来到图书馆，将会得到怎样的信息产品和信息服务的问题。树立"质量第一"的观念也就是从读者的角度出发，为读者提供优质、快捷的产品和服务。同时，还要为他们降低成本。因此，"质量第一"的观念从根本上来说也就是"读者第一"的观念。

图书馆"质量第一"观念的树立必须与图书馆的组织文化相一致。信息图书馆的组织文化是从组织的整体出发考虑的，而质量文化是组织文化的一部分，它强调的是全面质量管理，侧重于提高信息时代图书馆全体人员的质量意识、质量观念和质量管理技法。提高图书馆信息产品和信息服务的质量，最终是靠全体人员的工作来实现的，没有他们的参与，没有他们的积极性、主动性和创造性，质量是无法保证的。

（二）加强对读者的指导

读者服务工作是图书馆全部工作的出发点和归宿，为读者提供高质量的文献信息服务是图书馆的根本宗旨。因为并不是所有读者都知道如何正确、有效地利用图书馆中的各种资源、技术和设备。这就要求图书馆要通过多种途径对用户进行指导，以提高和增强他们利用图书馆的能力。

导读是图书馆员的基本且重要的任务之一，导读效果的好坏直接反映出图书馆员的素质及技能的高低。图书馆员只有加强导读技能的训练，才能为读者提供高质量的服务。

导读工作是指通过图书馆员的努力，利用特定的条件与手段来提高读者阅读效率的过程。它包括指导读者利用图书馆、使用图书目录、利用工具书等方面。

（三）建立完善的质量管理制度

没有一定的质量规章制度和质量运行规范进行制约和控制，服务活动就不能科学、合理、高效地运转。服务质量管理制度并不在于多少，关键在于是否科学、适用，符合实际，便于操作。质量管理制度要具有权威性和稳定性，一旦确定则不能随意更改。在制定质量管理制度时，既要明确图书馆整体服务的质量目标，还应规定出适应的具体质量标准。鉴于图书馆工作的复杂性和多样性，对服务成绩、服务效果、用户满意率等不仅要有定量指标，同时也要辅之以定性指标。对服务过程中的每一环节，要规定其质量职责和权限。使人人都清楚在自己的岗位上应该干什么、怎么干，应该达到什么样的质量标准。

（四）建立奖励机制

将图书馆的绩效考核与奖励有机地结合在一起，能够增强馆员的成就感，同时也可以提高他们的工作积极性，不失为现阶段提高图书馆服务质量的一种有效方法。

奖励是以"以人为本"理念为基础，以人为重心的管理活动，追求管理活动的人性化。机制是人的行为的理性层面，它追求管理活动的制度化。所以，科学的奖励机制是以制度化为基础、以人为中心的人力资源管理。

奖励机制有很强的激励作用：一是诱导作用，可以调动馆员的积极性。二是行为导向作用，指图书馆期望馆员所要努力的方向和行为方式。三是行为幅度控制作用，指诱导因素在激发馆员行为强度上的控制。四是行为时空导向作用，期望行为在一定时期和范围内发生并具有一定的连续性，防止馆员的短期行为。

三、质量管理的意义

（一）满足用户不断需求

读者是图书馆产生、存在和发展的根本。可以说，没有读者就不会有图书馆，读者是图书馆的最终评价者。随着经济的高速发展，用户对图书馆服务提出了越来越高的要求。图书馆只有提供高效、高质量的服务，不断改进服务质量，以质量求生存、以质量求发展，才能使自己得到更大的发展空间，获得更多用户的满意与认可。因此，图书馆要根据读者的需要找出自己的不足之处，确定新的质量管理方针和质量管理目标，尽可能地满足读者的需求。对于某一读者的某一需求而言，图书馆的服务是一次性的，这就要求图书馆员必须一次性服务成功。否则，会使读者对图书馆产生不信任感，从而放弃使用图书馆。要确保馆员能一次性服务成功，实施全面质量管理，建立质量管理体系则是重要的保证措施之一。

（二）推进图书馆工作的规范化

北京图书馆于 1987 年制定的《北京图书馆业务工作规范》在当时对我国各类图书馆工作的规范化起到了积极作用。建立图书馆全面质量管理体系，可通过确定组织机构与职责、岗位工作指导书等，明确各项工作的程序及其控制的原则与方法，明确各个工作岗位的具体工作流程与行为规范，从而增强图书馆工作的个体规范性。这种做法的深入与推广，不仅会逐渐提高广大图书馆工作者的工作规范化意识，而且将加速整个图书馆行业工作规范化的进程。

（三）推进图书馆工作的持续发展

传统管理方法常常以维持现状为重心，其座右铭是"如果没坏，就无须修理"。而全面质量管理则把重心转向对系统和过程的持续改进，信奉"即使没坏，也要不断改进"。

因此，实施全面质量管理的图书馆不再仅仅满足于某一质量标准。好了还要更好，永无止境地追求更高质量，满足并超越用户不断变化的信息需求才是图书馆的最终目标。

第三节　图书馆业务管理

随着现代化信息技术与网络技术的不断推进，社会中各个行业在发展中都形成了较大变化。其中，图书馆是社会发展中的一个重要组成部门，它的管理模式以及管理流程随着现代社会的变革发展也不断完善。所以，在这种发展环境下，为了促进图书馆服务工作的更好开展，就要实现管理模式的积极变革。

一、我国图书馆业务管理的作用

一直以来，我国图书馆的业务管理模式以及业务流程都是按照收集、整理以及保存等环节完成的，在实际执行期间，是按照自变机制以及他变机制来完成。其中，自变机制是事物本身具有一定的随机性，在时代发展中，能够对社会整体进行积极引导。他变机制是事物本身缺乏一定的自觉性，一些外部力量推动了整个社会的发展。从图书馆的历史发展形式上看，受历史变化的影响，导致在自变发展过程中过分注重公益性质，从而降低了图书馆的动力发展。而在他变过程中，受外部动力的影响，由于内部动力的严重缺失，导致在他变机制上具有更多作用。其中主要表现在两方面。

（一）社会作用

随着社会形态以及社会思潮的不断交替，事物在内部以及外部形态上都发生较大变化，并实现了演变的根本性与全局性。我国图书馆从传统发展到现代化变革，社会形态以及社会思潮都形成不同结果。当前社会实现了全球一体化发展经济，其中的经济观念以及信息资源都已深入人心，同时，人们对信息内容掌握的形式也发生较大变化。在这种背景下，不仅是图书馆的迫切发展需求，还能为图书馆的业务发展模式提供良好的探索需求。因此，图书馆就要与社会发展增加联系，并随着现代化脚步，不断纳入先进思想，从而全方位的提升自己的地位价值。

（二）技术作用

技术作用在事物演变过程中，并没有体现全局性以及根本性，在事物发展中形成了较大的推动作用。在一定程度上，人们的历史发展就是科学技术水平的不断提升。现代信息技术应用在公共图书馆中具有较大的促进作用，特别是电子计算机技术以及网络技术的普遍应用，使图书馆从传统的手工操作流程转化为自动化以及网络化发展。图书馆业务管理模式的演变发展也是将技术作为主要因素，它的应用与产生不仅实现了图书馆业务流程的自动化以及现代化发展，还提升了图书馆的思想定位方向。

二、我国图书馆业务管理模式的研究现状

我国图书馆的业务管理模式变革要引起理论与实践的更多重视，因为业务流程管理能促进我国图书馆管理工作的变革进步。其中，数字图书馆是未来发展的主要形态，在当今发展思潮中成为重要目标。有些学者认为，要将图书馆进行机构重建，以促进组织规模的小型化以及扁平化，但业务划分形式还比较粗糙。而有些学者认为，根据业务要承担的角色，要将机构划分为五部分。其一，为信息收集部门，它主要为其提供一定的文献知识以及数学化发展方案，并在最后利用互联网对其跟踪。其二，信息转换部门，它主要对信息进行扫描、转换等。其三，数据描述部门，它主要对已经转换的数据利用相关语言进行描述。其四，数字化服务部门，主要实现 Wed 制作、相关内容的更新与维护等。其五，技术支持部门，它主要对一些新标准、新工具、新技术等进行研究，并对数字化信息进行有利保护。但在实际上，一些图书馆机构重建以及管理模式形成了新的变革，不仅促进了组织职能的不断优化，形成了集成化的人员结构，在管理期间，也开始利用自动化系统作为技术支撑，以促进了图书馆业务管理模式的一体化发展。

三、信息化环境下我国图书馆业务管理模式变革分析

对我国图书馆的业务管理模式进行改进对图书馆的工作发展具有较为重要的作用，但在积极变革期间，如果没有在整体上对问题进行解决，只在局部或者单个方面对问题进行解决，将会使发生的效果受到一定限制。因此，在信息化环境下，我国图书馆当前还面对一些主要解决的问题。如：全球信息化与网络化为一体的发展形式与当前的图书馆系统存在较大分割；随着信息技术的快速发展，图书馆的业务管理工作存在较大滞后性；随着读者的多样化需求，图书馆服务工作还比较单一。为了解决这些问题，就需要促进图书馆业务管理的变革性，不仅要促进各种机制的有效结合，还要在整体上制定合理的解决方案。根据现代社会发展现状，既要满足全球经济、文化发展以及读者的多样化需求，还要利用现代网络技术，从宏观、中观、微观等方面对我国图书馆的业务管理模式进行变革。

宏观上：建立一个高效的、具有权威的图书馆业务管理机构，该机构的形成不仅能在业务上对所有的图书馆进行统一规划、相互协调，还能在一定的体制发展上，改变图书馆出现的半封闭现象，从而保证图书馆资源的合理配置，以促进人力、物力以及财力的协调利用。根据我国图书馆建立的管理体制进行分析，目前，还在按照图书馆管理部门的隶属关系进行的，在这种情况下，导致我国图书馆的业务管理在全局和整体上都不够协调。例如：在一个地区的不同图书馆中，其网点的设置、资源的布局以及行业的标准等都存在一定的重复性。所以，可以将其分为几个模块，这样不仅能促进各个图书馆之间的关系，还能利用信息技术实现各个资源的有利传输，以保证在整体上实现图书馆事业的有序进步。

中观上：实现集团化的垂直管理体制。要以省级、市级为主要单位，构建规模性比较大的图书馆事业，并在一定的区域内对图书馆进行集团化以及垂直化管理。在该途径上，

不仅能在人力、物力、人力等方面上统一计划，还能促进资源的共享发展。现如今，我国图书馆在业务管理形式上得到普遍进步，并为中观上的业务管理模式提供有效决策。

微观上：对图书馆的业务管理进行优化、调节。其中，要以信息化为主，对图书馆的业务管理单位合理设置。而且，还要改变传统的图书馆业务管理方式，将其转换为外部业务管理的现代化发展，以促进网络资源、网络知识的有效开发，从而将实现以用户为主要需求中心的业务发展，从而提升实际的工作效率。

四、大数据与图书馆业务管理

图书馆的业务部门一般包括采访编目部、流通阅览部、信息技术部、参考咨询部等，传统的业务工作流程包括采访、编目、加工、存储、服务等。在大数据的影响下，图书馆的业务也发生了变化。如：图书馆传统的采购和编目工作，通过招标等形式外包给其他机构，图书加工也对外委托，图书馆的业务工作重心转向以数据为中心的信息资源组织、利用与保存，数据的采集、存储、挖掘和分析成了图书馆的主要业务。图书馆对复杂的大数据进行数据挖掘和可视化分析，可以使用户更准确、及时、有效地利用信息，但大数据也给图书馆的业务管理带来了以下问题：①数据采集问题。图书馆的工作量并没有因为业务外包而减少。大数据时代，图书馆的每一项业务都涉及数据，如何高效收集各种数据，成为决定图书馆业务工作成效的重要因素。②质量控制问题。图书馆传统的结构型数据库已经不能适应非结构化数据和半结构化数据的动态管理和分析需求，业务管理模式如不加以革新，其业务工作的质量将会难以跟踪和控制。③数据利用问题。图书馆收集大数据的最终目的是为了提高图书馆的服务质量，让用户充分利用图书馆的资源创造价值。从图书馆业务工作的内容来看，信息资源如何组织、存储和利用，都涉及大数据的利用问题。从图书馆业务的形式来看，任何一个业务流程都会产生新的数据，这些数据包含隐性的有用信息，图书馆只有把这些隐性信息挖掘出来，发现业务工作中的重点和难点，才能改进工作流程，提高业务水平。

五、基于大数据的创新性的图书馆业务管理模式

（一）以信息资源为对象构建动态采购平台

信息资源是图书馆开展各项服务的基础，图书馆应根据服务对象和经费情况决定采购哪些图书及哪种类型的数据库。因此，图书馆应构建一个动态的信息资源采购平台，对出版社的动态、不同层次用户的阅读需求和阅读形式、供应商的实际情况等数据进行收集，设置权重，利用大数据分析技术构建图书评价系统。图书馆只需把书目、出版社、供应商的信息导入系统，就能实时、准确地挑选到图书，不但可以降低馆藏资源的购置费用，还能提高馆藏资源的利用率。

（二）以图书馆业务为对象构建风险评估模型

图书馆的业务工作与服务息息相关，业务工作出现偏差会导致服务出问题。因此，图书馆应根据自身情况构建图书馆业务风险评估系统，在开展新业务前先进行风险评估。如：图书馆在建立数字图书馆初期，应收集经费、技术、设备等数据资料及科技发展数据、供应商数据、用户数据等，利用这些大数据构建信息安全风险评估模型及知识产权风险评估模型，科学分析构建数字图书馆的可行性，智能辅助决策，降低数字图书馆建成后可能带来的风险。

（三）以用户为对象构建数据挖掘系统

用户在利用图书馆资源时会留下各种数据，这些数据可以归为以下五类：①用户的资料。用户资料可以帮助图书馆了解服务对象的类型、层次、地域分布等，从而有针对性地提供阅读推广和参考咨询服务。②用户的到馆数据。这些数据可以使图书馆了解用户的到馆周期，为其制定各项业务的工作时间提供依据。③用户的查询或咨询数据。用户在图书馆进行参考咨询或查询书目信息、图书馆区域分布时都会留下数据，这些数据都和用户的需求有关。④用户的借还数据。用户的借还数据可以帮助图书馆了解用户的阅读周期和阅读需求，一些相关数据还能在信息资源采购平台中被加以利用。⑤用户访问电子资源的数据。这些数据主要是用户在检索、浏览、下载时产生的数据，它们会成为图书馆在挖掘数据、构建系统时的重要资源。通过构建以用户为对象的数据挖掘系统，图书馆可以了解用户对馆藏资源的满意程度，分析用户流失的原因及至馆用户和网络用户的显性需求和隐性需求。

（四）以图书馆员为对象构建灵活的工作模式

当代图书馆员应具备基本的学科知识、超前的服务意识、数据分析和处理能力、开发隐性知识的能力及开拓创新的能力。图书馆员对图书馆的业务工作最为熟悉，也最能发现业务工作中存在的问题。因此，图书馆除了要培训馆员，还应以馆员为研究对象，收集馆员的工作数据，并对这些数据进行分析，找出工作中的不足，进而建立更有效率的工作模式，使馆员充分发挥才能。

（五）以技术为对象构建大数据支撑体系

图书馆不论是从信息资源、业务还是馆员、用户的角度对大数据进行分析都离不开技术，这些技术包括大数据采集技术、大数据存储技术、大数据分析和处理技术等。目前，较为成熟的大数据处理技术有 Hadoop、SAP HANA、Hive、Pig 等。图书馆利用这些技术进行大规模的数据处理和分析，不仅可以降低馆员的工作量，还能为用户节省时间。为了构建以技术为核心的大数据支撑体系，图书馆除了要购置相关的软硬件设备，还应注重对技术人才的培养。大数据背景下的技术人员不仅需要具备丰富的大数据知识，还应了解各类数据库软件和数据挖掘、分析软件。为了更好地把大数据应用于图书馆的业务管理，图书馆应对技术人员进行图书馆业务培训，使其成为精通图书馆业务的技术型人才。其培养方式主要有：①人才委托培养。即图书馆聘请专业机构对图书馆的技术人员进行技术和业务培训。②与高校、企业合作。即图书馆与高校、企业联合开展大数据培训课程，使大数据的理论与实践相结合。

大数据拓宽了图书馆业务管理的视角，使图书馆可以从更广泛的角度考虑业务管理的流程及方式。大数据逐渐成为图书馆业务的基础，而图书馆的业务则是大数据的价值体现。图书馆在利用大数据时应重视对用户、合作机构及图书馆员的隐私保护，在采集、保存、利用和开发大数据的过程中要建立隐私安全保护机制及法律保障体系，避免造成数据丢失和人员隐私泄露，最大限度地发挥大数据的价值。

第四节　图书馆的服务管理

图书馆是高校的重要部门，是学校教学、科研服务的信息中心，图书馆建设是高校教育管理重要工作之一。随着数字化、信息化技术的发展，图书馆服务形式、服务内容、服务手段及服务功能等都发生了巨大的变化，由其对网络化服务功能多样化提出了更高的要求，传统的服务模式已经跟不上信息时代的发展要求，图书馆必须从内涵和外延上拓展功能，从服务与管理上进行根本转型，才能跟上信息时代发展的步伐，才能顺应现代社会的发展。

一、高校图书馆的服务与管理转型的意义

高校图书馆是服务学校教学科研的信息阵地，是大学生的第二课堂，是大学生获取知识的主要渠道，也是大学生开展各类活动和提高校园文化气息的场所，随着网络化和信息时代的迅速发展，人们获取信息的手段、方法、要求都发生了很大的变化，要在海量的信息中快捷方便，不受时间、时空的限制，获取自己所需的信息资源，图书馆的服务与管理面临前所未有的挑战，必须从服务与管理进行转型，服务转型是顺应时代发展的必要条件，是进一步完善图书馆服务功能的重要基础，是有助于服务效率的进一步提高，管理转型，有利于进一步规范高校图书馆的管理工作，进一步明确管理目标。通过转型可以进一步完善服务体系，方便快捷地为学校师生提供全面的文献信息服务，满足高校师生根据自身实际需求获取各种信息资源。

二、高校图书馆的服务与管理存在的问题

（一）图书馆的网络服务功能不够完善

网络信息技术的广泛应用，传统的服务方式和服务内容已经不能满足读者的需求，读者更需要个性化、创新化、多样化的服务方式。目前，许多高校图书馆由于网络设备落后，网络不畅通，WiFi 不能在图书馆全覆盖等，导致图书馆创新服务、个性化服务、多样化服务，如：网上查询、网上预约、新书通报、微信、飞信等网络服务都不能顺利开展，不能及时使师生获取图书馆最新信息，不能从海量的信息中快速的获取所需信息资源。还有些高校虽然建立起了相应的图书馆网络服务系统，但是由于缺乏相应的系统管理的技术人员，所以仍然无法发挥网络服务系统应有的作用。

（二）管理机制不够完善

随着信息时代的发展，管理机制直接影响图书馆的发展，传统的管理机制不能适应图书馆的发展。目前，许多高校图书馆缺乏激励机制，考核机制，规章制度不完善；馆员在工作中，没有积极性，没有激情，工作不主动，干和不干一个样、干多干少一个样、干好干坏一个样，不能为读者提供高效的优质服务，只有通过完善管理机制，采取激励机制，完善规章制度，激发馆员的积极主动性、创新创造性，让他们充当激励要素的主角，提高服务质量，推动图书馆事业的发展。

（三）馆员素质有待提升

高校图书馆管理人员的自身业务素质，直接影响到其服务工作效果。目前，很多高校图书馆忽略了图书馆馆员的培训工作，认为图书馆的工作并不需要太多的工作技能，也就是图书的借借还还，图书的整理归架；还有些高校图书馆很大一部分管理员是照顾关系、引进人才的家属及不能胜任教学的教师安排到图书馆工作，没有专业背景，缺乏图书情报专业知识及计算机操作知识，不能为学生提供准确而全面的服务，不能指导学生在知道的海洋中获取所需的信息资源，在网络化、数字化及知识信息爆发的年代，图书馆馆员一定要加强学习，不断更新知识，才能为全校师生服务。

三、新时期图书馆服务功能的转变

本节所提到的新时期主要是指信息化技术快速发展背景下图书馆的服务管理环境，在这样的环境背景下，图书馆的服务模式、服务内容等方面都发生了较大的变化，而对于这些变化的清晰把握是进行图书馆服务管理工作改进的基础和前提。

（一）图书馆服务模式的变化

所谓的服务模式就是指图书馆采用何种方式来为读者提供服务，这不仅影响到广大读者的服务体验，同时也对于图书馆的时代性发展具有重大的推动作用。就目前的图书馆服务模式来看，除了为读者提供相应的资料以外，还建立了学科信息的增值服务模式，即计算机系统根据读者的特定需求，对已收集的信息资源进行整合，建立专业的知识学习平台，并根据读者所制定的关键词来对专业知识进行文献资料的关联查询，降低读者获取信息资料的难度。这种建立在信息技术基础上的新型模式，使得图书馆的服务更加智能化和网络信息化，突破了传统服务模式中的效率和效果束缚，迎合了读者对于信息的高标准需求。

（二）图书馆服务内容的变化

信息化条件下，读者获取信息的途径得到了极大的丰富，除了通过传统的图书、期刊等资料的阅读以外，还可以通过互联网等媒体上的海量信息的筛选来获得相应的内容。但是随着新学科、新技术门类的层出不穷，学科知识之间的分类日趋细化，在这样的情况下，读者的知识认知由原来的综合性知识需求为主逐步转变为专业性知识需求为主，换句话说就是读者当前所真正需要的是能够从某一专业的角度来对问题进行精细化分析的信息资源。因此，图书馆服务除了要做到内容丰富以外，还要满足内容的高度专业化，以迎合教学和科研深入开展的需要。

四、提高图书馆服务管理的对策

（一）加强对服务管理的重视力度

在图书馆的管理当中要高度重视图书馆的服务工作，将服务管理与图书专业检索查阅功能放在同等重要的位置，将服务的意识融入图书馆员的日常工作当中，全面体现"读者第一"的服务思想，满足读者的信息需求。从图书馆领导到具体服务人员都需要增强读者意识，征求他们对于文献资源的需求，以及对图书馆服务的反馈信息，并对读者的需求与意见作详细的了解和分析，这样才能更好地实现图书馆服务的宗旨，增加自身的竞争力。

（二）完善图书馆服务制度

在制定制度时，要坚持"以人为本"的原则，增强服务意识，尊重读者的权利，从读者的角度制定科学合理的制度。一切以读者的需求为前提，利用科学管理手段进行资源整合。在执行制度过程中，既要了解读者的义务，又要明确读者的权利，对于读者应履行的义务要采用合理手段进行说明，对于读者的权利要给予尊重和保护。

首先要认真分析服务对象的特点，建立合理的服务制度。如高校图书馆根据学生的实际学习需求，建立专业服务指导。其次，建立有效的服务反馈制度，针对服务投诉问题，建立服务投诉应急管理流程，有效缓解读者的不满，提高服务质量。第三，建立有效的服务考核制度。对服务制度的执行情况进行考核，保障服务质量的有效提高。对于服务意识欠缺的有关人员要及时进行提醒，只有在有效的激励措施下，图书馆的服务水平才能得到有效地提高。在图书馆的服务管理上还需要加强实际的服务管理投入力度，设立每月优秀员工评选，对服务态度较好的员工给予奖励和鼓励。第四，建立图书馆网络资源管理制度。要积极开展有效的网络服务，积极开展资源智能检索、读者需求研究、跟踪服务等一体化的动态读者服务，逐步建立智能信息检索系统、专业信息资源导航系统等，最大限度地发掘信息资源的利用效率。努力开发馆藏信息资源，有效地组织数字化特色信息资源，逐步建立高质量的多种类型数据库。第五，要依托于网络开展网上导读服务。有目的、有步骤地对网络信息资源加以合理的组织，以形成一个引导读者获取准确信息的导引系统，这样就能使读者在最短的时间且以最低的成本得到最为满意的结果。

（三）提高服务人员的服务管理水平

随着互联网＋时代的到来，图书馆的馆藏模式也发生了巨大的变化，因此图书馆服务也发生了改变。图书馆员不再只是单纯地做服务工作，同时还要求有一定的管理能力。要充分发挥图书馆职能、更好地为读者服务，要求图书馆员掌握较为全面的相关知识，才能在图书馆的生存与发展中发挥自己的作用。

首先，图书馆员要研究读者的变化。读者的阅读需求既是一种个人需求，也是一种社会需求，这种需求处于不断发展变化之中，因而呈现出复杂多样的状态。研究读者的变化，才能有针对性地做好读者服务工作。按照读者的阅读目的和对文献内容的需求，大体上可分为知识型、情报型、资料型、研究型、消遣型。还有上述两种或两种以上的类型的混合型。不同的读者需要不同的服务，而图书馆就要提供不同的个性化的服务，以满足读者的需求。

其次，要创新工作方式。创新意味着打破传统的工作与管理方式，产出新的经验或思想。图书馆员在工作中要勤思考、善动脑、敢于创新、勇于开拓，适应发展了的用户需求，提供新的服务方式。要在馆内设置宣传栏，开展新书通报，及时向读者介绍新购置的文献资源，以便读者借阅；介绍最新学术动态，宣传各种专业知识以及利用图书馆和文献检索知识，介绍读书方法等。图书馆员要努力使自己成为具有新观念、掌握新技术、能够运用创造性思维、与时俱进、不断取得新业绩的创新型人才。

第三，建立科学有效的图书馆人员服务培训制度。进一步完善馆员培训和教育机制，定期对馆员进行业务知识和管理知识培训，组织各种形式的讲座和学术交流，为馆员业务能力的提高提供各种指导工作。在条件允许情况下，可以组织优秀的馆员到其他优秀图书馆进行馆际之间的业务交流，使馆员能够开阔视野，拓宽工作思路，在工作中不断创新，为读者提供更优质的服务。

服务管理是图书馆管理的重要组成部分，在图书馆的管理当中要高度重视图书馆的服务管理，将服务管理与图书专业检索查阅功能放在重要的位置，全面体现读者第一的服务思想。努力提升图书馆服务水平。

五、新形势下高校图书馆的服务与管理转型

（一）以理念创新为先导

在新形势下，高校图书馆服务创新是由理念、制度、技术、方法等各种创新要素构成的一个复杂系统，其中，理念创新是进行其他方面创新的重要基础，正确的服务理念，能够更好地指导图书馆管理人员为高校学生提供科学的服务，首先应该坚持以人为本的服务理念，这是高校图书馆服务理念的根本，随着我国高校图书馆建设的不断完善，服务理念也应该不断地创新，把开放化服务、便利化服务、个性化服务以及泛在化嵌入式服务理念融入高校图书馆服务中，泛在化嵌入式服务指的是利用新型的图书馆信息化服务系统，为图书馆大学生提供随时随地的服务，通俗地讲，则是将传统的阵地式服务转变为移动式服务，这一服务理念符合信息化社会的发展特点，对于高校图书馆服务工作的完善有着重要的意义，也是图书馆未来发展方向。

（二）注重服务流程的完善

高校图书馆服务与管理转型要以服务流程重组为实践根本，近些年来，我国社会环境发生了巨大的变化，为了满足新形势下高校学生更多的学习需求，在高校图书馆服务中，必须加强业务布局和结构调整，对图书馆服务流程进行重组。在传统的高校图书馆服务流程中，以直线式和纵向式为主，在新形势下，则可以建立以文献为中心的业务布局和服务流程，这一服务流程具有嵌入式的特点，与传统的单向式服务流程相比，这一流程是双向的，而且不再是垂直型服务，而是网状式服务，通过服务流程的重组，为高校学生提供更为人性化和高效化的图书馆服务。

（三）进一步完善图书馆的网络服务功能

图书馆网络服务功能的完善，是新形势下高校图书馆服务与管理转型的重要途径，具体而言，可以从以下几方面进行：

第一，加强图书资源的信息化建设。对于现代高校而言，图书资源信息化是图书馆网络服务功能实现的重要基础，为了实现这一目的，利用现代化的计算机操作系统，实现对高校图书馆图书信息进行数字化处理，满足师生利用网络服务系统高效、快捷获取所需要的图书文献资源信息，不断提升图书馆的服务工作效率。

第二，加强功能保障。对于高校而言，图书馆服务与转型的主要目的是为了更好地为师生提供准确、快捷、高效的服务，满足大学生的学习和各项活动，因此，在图书馆网络服务功能不断完善过程中，必须加强功能保障。首先应该根据网络系统的特点，建立相应的公共云服务中心，公共云服务中心是信息技术发展的产物，其主要由一组软件组成，这一组软件所构成的联合系统中，会提供相应的身份功能、图书信息资源检索功能、信息调

度功能等。其次，建立 SaaS 服务平台。在这一平台的作用下，可以实现图书馆系统内的资源共享，在资源共享环境中，资源搜索范围则不仅仅局限于本校图书馆，则可以提供更全面、更丰富的信息资源，更好地满足师生需求。

第三，加强图书资源数据库建设。数据库建设是实现图书馆数字化、网络化、现代化的基础工作，根据本学校办学方向、专业特色、科研水平及本地域社会经济文化特色，通过 celis 特色数据库建设平台，用现代通信技术、网络技术、计算机技术和文献信息检索技术，科学、规范、有效地开发整理，通过数字化标注，构建成"人无我有，人有我优"的特色数据库，为学校教学、科研提供特色化服务。

（四）加强图书馆馆员的继续教育

随着计算机网络技术日新月异，图书馆网络信息资源迅猛增长，知识更新速度加快，图书馆员的角色也发生了很大变化，从传统的管理员逐步转变为信息管理员、信息咨询员、信息传播员和网络信息导航员，随着角色的不断变化，图书馆员必需加强学习，开展不同形式的继续教育，通过举办各种培训班、专题讲座、专家授课、知识竞赛及自学等形式，不断提高馆员计算机操作技能、网络信息管理、图书情报专业知识，全面提高馆员素质，使其能够更好地为教学、科研服务，更好地为全校师生提供专业、高效的服务。

当今社会处于一个信息时代，新学科、新知识、新技术层出不穷，图书文献信息的存贮方式、获取方式、利用方式、服务手段等也发生了很大变化，在新形势下高校图书馆的服务与管理必须通过转型，打破传统规则的束缚，扩展服务领域，完善网络服务功能，丰富服务内容、完善管理制度，加强图书馆员的继续教育，全面提升馆员素质，才能为师生提供广度和深度的服务，才能满足全校师生个性化、多样化、多层次的需求，才能快捷、高效地为师生提供优质服务，进一步推动高校图书馆事业的发展。

六、公共图书馆服务管理的创新方法

（一）积极运用科学方法，提高图书馆的服务效率

首先，积极进行数字化建设。现代社会中计算机网络技术在不断发展，由此需要在公共图书馆内引进数字化技术，对于馆内图书进行数字化管理是图书馆的未来发展趋势。对于文献资源进行数字化能够更加方便地进行文献传递，而且读者不再受空间限制而进行书籍的借阅。图书馆数字化建设主要特点是网络化传递，电脑化操作，数字化馆藏以及资源共享化。利用计算机管理系统可以对于文献进行加工处理，并利用计算机先进的网络技术，最大化利用电子文献资源，使读者能够更加方便地进行阅读。其次，进行个性化信息服务。公共图书馆的重要工作是为读者提供最好的服务，最大化的满足读者的需要，这也是图书馆存在的重要价值。现代社会中的服务行业更重视的是以人为本的个性化信息服务。所谓个性化服务，主要是尊重读者的个人需要与个性化选择，根据每个读者间的不同特点提供

个性化的服务。为读者建立独立的信息管理系统，对每个读者工作，习惯以及兴趣爱好做好动态的统计工作，有利于为读者提供更加舒心的阅读服务。

（二）积极寻找潜在读者，促进公共图书馆的发展

公共图书馆在社会中属于公用的基础设施，自身肩负着为社会大众提供阅读服务的职能，由此图书馆需要积极转变自身的服务理念，以最大限度地实现图书馆的社会效益。公共图书馆需要积极进行馆外的主动服务，为需要图书馆信息服务的相关机构提供图书信息服务。同时图书馆的工作人员可以收集读者对于图书的问题，做好充分的准备，最后把具体的答案反馈给读者，以保证为读者提供优质的服务。

（三）在公共图书馆内营造良好的服务环境

在图书馆图书与读者之间唯一的联系是图书馆的工作人员，由此需要在图书馆内建立一支高素质的人员队伍，以保证馆内具备一流的服务质量。工作人员最为重要的是自身具备较好的服务意识观念以及扎实的业务工作能力。在图书馆内建立之一支优秀的工作人员队伍，需要积极培养工作人员进行学习，使工作人员在不断的学习过程中得到成长，最终提高员工的服务意识，积极在馆内营造良好的服务环境，使读者更加满意图书馆的服务。

严格来讲，现代社会属于多元化的社会，而公共图书馆若想在这样的时代获得长远发展，需要适应这个社会，首先需要利用先进的信息技术促进图书馆的发展，其次需要提高员工自身的服务意识，满足读者需要，最重要的是对于馆内的服务管理工作进行积极的创新，使更多的读者愿意入馆阅读，更好地推动中国文化事业的发展。

第五节　图书馆的行政管理

所谓高校图书馆的行政管理，就是要根据其高校图书馆的特点以及其运作特点、规律，再经过其管理者计划、决策、控制、协调等行为，制定出合理的行政管理手段，以达到使用和发挥其图书馆信息资源作用的目的，使图书馆的功能发挥到最大，更加高效得为学校师生做出服务。高校图书馆的行政管理不仅作为整体管理的关键环节，更是图书管理和读者阅读的中间枢纽，是图书馆各项工作正常运行的重要保证。因此做好图书馆的行政管理工作具有充分而必要的理由。

一、目前高校图书馆行政管理中存在的问题

不同的高校图书馆在行政管理中都存在一些不同的问题，只有仔细探讨总结这些问题的所在，才能更好地找出解决措施，完善行政管理制度，提高管理水平，使图书馆的可作用得到更好的发挥。目前高校图书馆的行政管理所存在的问题主要集中在以下几个方面：

（一）陈旧老套的管理模式

新形势下高校学生对于图书的需求加大，对于图书借阅时的要求更高，然而对于图书馆的管理却没有随这种需求的增加而采取更有效的方式，传统的图书管理观念认为就是将图书整理好、保存好就是做好了图书管理工作，并且这种观念已经根深蒂固。管理员不注重读者的想法与感受，不进行图书借阅类型的统计，因此无法与读者进行交流，这样会对下期图书购买情况产生很大的影响，从而导致下期购买计划无法确定，不能及时更新书籍，无法追赶时代的潮流。而读者是被服务者，是图书馆一切工作顺利的基本保障者，无法满足读者的需求，慢慢地就容易导致流动性读者的流失，使图书馆的服务宗旨失去意义。

（二）馆内电子设备无法满足借阅需求

这类问题主要体现在高校内图书馆的电子设备较少或者现有不能很好地发挥其应有的功能这一方面。有的图书馆内电子设备有限，而书库种类繁多，其所在位置又难以确定，大部分情况需要使用计算机进行图书种类及馆藏位置的查寻，因此，在读者数量较多的时候需要排队等候查阅，增加了不必要的时间。另外图书借阅流程中，有的书库仅使用手动记录书名代号的方式降低了图书借阅的效率。另一方面，图书馆虽然设立了足够的电子设备，但图书馆内设备陈旧、时常发生故障没能得到及时的检修，这种情况下无法满足全校师生的基本需求，电子设备形同虚设。有时候新设备的引进缺乏及时有效的宣传，即使设置了机器，依然有大部分师生不知道设备的存在，不知道设备的功能，不知道设备的使用，从而导致设备的空置。

（三）图书馆人力资源不足或图书管理人员素质不过关

一般高校的图书馆都有大量的藏书，每天流动的图书数量庞大，图书馆建筑区域广，书库类别繁多，因此需要大量的人手每天进行图书的分类管理与维护。然而许多学校的人手不足，一人分管多个书库涉及多个楼层多种类别，容易造成任务量的增多或导致书籍类别放置错误，使读者不能正确寻找到自己需要的数据，甚至冷门书库无人管理师生的借阅工作不能正常进行。其次人力资源不足造成了图书更新不及时的问题，很多资料老旧不能满足学生的学习需求，造成学生搜集课外资料的困难。

许多图书馆聘用馆员十分随意，有些图书管理者甚至是兼职的学生，管理经验不足且课外时间分散，任务交接的时候容易出现差错。有很多一般馆员只将图书馆的管理工作视为一份收入性工作，严重缺乏工作积极性与主动性，无法将工作与服务相联系结合起来。馆内缺乏技术性的专业人才，机器设备故障或基本操作无人下手，从而导致图书馆的行政管理模块的薄弱。馆员缺乏创新意识，对图书的管理方式一成不变，无法为读者提供满意的服务。

（四）经费不足或资金管理不当

众所周知，保障图书的数目和行政管理都离不开资金的支持，因此资金的管理是否合理在图书馆的行政管理中就显得尤为重要。时代逐渐发展前进，高校的专业设置也逐渐增多，同一专业也会出现不同的专业方向，使得学生需要更多更具专业性的资料来支持课程的学习，同时很多师生的兴趣爱好广泛，涉及图书的类别也更多，需要大量的图书来增加自己知识量。有些高校图书馆由于经费不足难以对图书进行更新，涉及类别不够全面，导致图书馆发挥不到它应有的作用。有些高校还存在资金管理不当的问题，资金使用分配不均，较多的图书馆更加注重传统纸质书籍，而忽略了电子图书类的发展。有些情况下图书馆对图书购买计划不明确，购买项目罗列不清，容易导致个别环节个别人从中获取利益。图书馆的一切活动都需要资金来支撑，所以资金不足或管理不善会影响图书馆的正常运行，当然其中也包括行政管理环节。

二、图书馆行政管理的具体要求

高校图书馆的行政管理，既要规范和管理图书馆官员的行为又要制定出合理的行政管理制度，只有多方面综合性的管理要求才能提升图书馆的管理质量。

（一）图书馆行政管理中对馆员的要求

不论什么方面的管理都应当坚持以人为本的原则。人是最积极、最活跃的因素，对生活中的各项因素和物质资料起着掌控作用，所以只有把人管理好了，其物质资料才能发挥出最佳效益。一般情况下，人们口中所谓的管理，实际是对人的管理。所以对人管理的好坏对其工作效益有着直接影响。而对于高校图书馆的工作来说，对人的管理关系到文本信息的开发利用、图书的流通、图书馆中对借阅师生的服务质量、读者通过图书获取信息和知识的便利程度。所以，作为高校图书馆的行政管理应该把对馆员的管理放在第一位，以增加其对工作的积极性和主动创造性。

图书馆内需要有专业经验的人来进行图书管理以及图书馆整体的运行。馆员的言辞与行为直接反映着本图书馆的管理程度。因此要求图书管理人员具备优良的素质和职业素养，准确记录图书借阅情况，对于归还图书整理放置等；同时遵守图书馆的管理规范，做到图书馆内不大声喧哗，阅读区内不与人攀谈等。

（二）图书馆行政管理中对制度制定的要求

如果想要做好图书馆整体行政管理的工作仅仅对馆员做出管理是不够的，行政人员必须要建立健全图书馆的各项规章制度。这些制度应该准确说明图书馆各部门员工的行为规范以及图书馆的运行方式。行政管理人员应制定图书馆的规章制度反映了整个图书馆的特点和发展方向，不仅能有效的约束与限制全体馆员行为规范，而且能激励工作人员把工作努力搞好，使各项工作向预期目标顺利正常地进行，能大大减轻日常的管理工作，更好地服务于高校师生，从而保证图书馆的正常效益以及其目标任务的实现。另外，图书馆中面对借阅师生制定的规章制度也间接体现了图书馆运行的准则和方式，保证了图书借阅的秩序，提高图书馆的利用效率。

三、如何提高图书馆的行政管理水平

由前文分析的图书馆行政管理体制中存在的问题以及行政管理中的具体要求不难总结出提高图书馆提高行政管理水平的方式：

（一）充分提高行政管理人员的专业性

高校图书馆的行政管理人员自身的学识素养对其工作开展水平有着直接影响。要想充分全体馆员的行政管理的专业性，馆员就需要拥有丰富的管理经验，并且能够根据实际正确使用，将其经验和知识充分运用到实际中，并且要在实际中多次组织进行管理方面新方法、新理论、新知识的学习，掌握新现代化的技能和知识。

充分提高全体馆员的素质与道德。要想充分提高全体馆员的素质与道德，就必须意识到馆员素质与道德加强的重要性，着重加强教育。首先要把实施好馆员的学习制度放在首位，不断要求馆员学习服务、管理等相关知识，紧跟时代的步伐。注意全体馆员的思想、职业道德、职业操守的培养，积极宣传正确的思维方式，从而使全体馆员在潜移默化中树立正确的服务观念，能够对这份工作的看法升级，不再仅限于收入，学会享受工作。其次，要求高校图书馆的负责人，也就是其管理者，从实际出发，结合图书馆的情况与全体员工受教育程度，做到"因材施教"，使不同专业的人才都找到最适合的岗位和工作，确保全体员工持有正确的思想态度。管理员要充分重视馆员的情感调动，注意实施相应措施例如有奖有罚、考核监督等，来充分调动馆员的工作认真积极性，使工作区域任务划分明确，如果出现问题要具体到哪一部分哪一个人，从而使问题得到快速处理解决。

（二）改善馆内环境增强服务意识

馆内环境实际上就是读者的外界读书环境，环境的好与坏能够直接影响读书者的心情。是否能够出营造良好的读书环境对图书馆内读者服务质量的高低起决定作用。一个良好的读书环境，不仅能够鼓舞读者积极向上，而且还能陶冶读者的情操和心灵。要想做好高校图书馆的行政管理工作，就要增加对行政管理的投入，逐步优化和改善环境。由于高校图书馆建筑楼层较多，各个部分的管理设备也非常分散，因此要增加管理人手，例如电梯、桌椅、储存柜的维护等工作，保证读书区域的空气流通；在读书区张贴标语。其中馆内的人际交往也决定着馆内环境，馆内的人际交往可以分为管理者与馆员之间，馆员与馆员之间，馆员与读者间。管理者与馆员之间的关系处理就需要管理者融入馆员中，做馆员的知心朋友，统一认识，沟通思想。馆员与馆员的关系处理就需要管理者注意了解馆员的心理需求，使馆员的注意力被转移到工作上，减少交往上的矛盾摩擦。馆员与读者的关系处理就需要管理者建立完善的管理制度。处理好馆内人际关系，建立一个愉快、融洽、和睦的人际关系环境。

（三）经费管理工作到位

高校图书馆的图书资源配置以及相关的行政管理工作都离不开经费的支撑。经费是图书馆是图书馆能够正常工作的基础，所以经费可以说是图书馆的命脉。高校图书馆行政管理的经费必须要有明确的思想指导，既要维持图书馆活动的正常运行，又要保证购书的正常进行。所以在对购书经费上，必须严格按预算执行，必须专款专用，杜绝挪用，要遵循采购原则，坚决抵制采购非法出版物以及质量低劣的图书，要完善采购的监督体制，尽可能地避免错购、漏购、重购等现象的发生，明确采购的数量、金额和品种。制定合理的借书还书规范，对于没有按时归还以及丢失损坏图书的行为给予一定的罚款。同时还要结合往年图书使用情况、根据读者喜爱图书的类型、借阅资料的种类等，制定出明确合理的采购方针。综上所述，图书馆要加强所有经费的科学有效的利用与管理，避免不必要的开支，只有这样资金的使用才能最大化得给高校师生带来利益。

（四）将更加现代化的设备应用到行政管理中

随着计算机技术的发展，大学生对获取信息的速度以及质量有更高的要求，而获取信息的途径也更加多样化。因此要想更好的实行行政管理，就必须加强图书馆的自动化建设增加不同的业务如电子书下载，新书推荐，文献资料在线浏览等。自动化设备关系到图书馆全部工作的顺利完成，是高校图书馆的重要组成部分。因此图书馆需要使用更多的电子借阅设备来方便借阅流程的进行，提高借阅效率，因此就需要配置和培养更加专业的人才，充分调动其积极主动性。加强网上图书查询、电子阅览室以及图书信息资源的建设，能够方便大学生查阅和阅览书籍，从而创造出现代化的阅读条件和氛围，提高学习成果，保证自动化设备的完好性和利用率，定期检查修理，充分发挥其作用，并要注意防火和防盗的工作。使现代图书馆的职能得以充分发挥，以充分适应时代的发展。

当今形势下，高校图书馆的行政管理中还存在着许多弊端，但总体上，图书馆已经能够发挥出它应有的职能，成为校园文化的重要组成部分。图书馆应加强各项行政管理，不断发展创新新形式的管理模式，提供更加人性化的服务，营造更加舒适的图书馆环境，不仅有利于各高校图书馆的发展，更为高校学生的学习提供了便利，为学校的人才培养做出了贡献。

第六节　图书馆的安全管理

公共图书馆具有人员密集和公众聚集的特征，近年来随着公共图书馆馆舍面积的增加、来馆人员的增多、馆藏及现代化程度的提高，其安全管理工作难度日益增大。当前必须按照十八大报告中关于"加快推进重点文化惠民工程，继续推动公共文化服务设施向社会免费开放，加强重大公共文化工程和文化项目建设，完善公共文化服务体系，提高服务效能"和"强化公共安全体系和企业安全生产基础建设，遏制重特大安全事故"的要求，把安全生产纳入公共图书馆全程管理，落实各项防范措施，确保为广大读者提供安全高效便捷的公共文化服务。

一、落实"三防"措施，夯实公共图书馆安全管理基础

所谓"三防"，即指人防（人力防范）、物防（实体防范）、技防（技术防范），它是安全防范的三种基本防范手段。其中人力防范和实体防范是古已有之的传统防范手段，而技术防范的概念是在近代科学技术（最初是电子报警技术）用于安全防范领域并逐渐形成一种独立防范手段的过程中所产生的一种新的防范概念，它在安全防范技术中的地位和作用将越来越重要，已经带来了安全防范的一次新的革命。要以高度的责任感、使命感，以对党、对人民宝贵生命财产高度负责的精神，严格遵照"安全第一，预防为主，综合治理"的工作方针，通过"三防"基本防范手段，进一步筑牢图书馆安全工作的根基，认真做好安全管理工作，确保为读者提供安全、幽雅的学习环境，确保图书馆事业健康发展。

（一）以人防抓落实

"人防"是利用人们自身的传感器（眼、耳等）进行探测，发现妨害或破坏安全的目标做出反应；用声音警告、恐吓、设障、武器还击等手段来延迟或阻止危险的发生，在自身力量不足时还要发出求援信号，以期待做出进一步的反应，制止危险的发生或处理已发生的危险。如：建立治安联防队等以达到防范的目的。做好人力防范，通过具体的人来直接开展治安保卫工作，是最基础、最普遍和最重要的基本措施。

（二）以物防求巩固

"物防"通常是指基础防范设施建设及其应用，主要是对犯罪目标、犯罪空间环境和可能发生治安灾害事故的部位安装防护措施，加大违法犯罪人员作案的难度，使之不易实施违法犯罪活动。"物防"的主要作用在于推迟危险的发生，为反应提供足够的时间。现代的实体防范，已不是单纯物质屏障的被动防范，而是越来越多地采用高科技手段，一方面使实体屏障被破坏的可能性变小，增大延迟时间；另一方面也使实体屏障本身增加探测

和反应的功能。如：建筑物和实体屏障以及与其匹配的各种实物设施、设备和产品（如门、窗、柜、锁等）。

（三）以技防谋提高

所谓"技防"主要是利用光学、声学、化学、电子等学科的知识、原理而制成的机械、仪器、仪表、工具等各种先进技术设备，如：电子报警技术、视频监控技术、出入口控制技术、计算机网络技术以及其相关的各种软件、系统工程等现代科学技术来提高安全防范能力，预防违法犯罪和事故。技术防范手段可以说是人力防范手段和实体防范手段的功能延伸和加强，是对人力防范和实体防范在技术手段上的补充和加强。它要融入人力防范和实体防范之中，使人力防范和实体防范在探测、延迟、反应三个基本要素中间不断地增加高科技含量，不断提高探测能力、延迟能力和反应能力，使防范手段真正起到作用，达到预期的目的，可见"技防"是现代化环境下做好安全防范工作的方向。

二、加强安全生产制度建设，健全公共图书馆安全管理体系

基于公共图书馆在安全管理方面的特殊性和重要性，必须按照标准化、规范化的要求，建立完善安全管理制度体系。①坚持安全生产"一岗双责"责任制。公共图书馆领导班子成员既要抓好分管的业务工作，又要抓好分管领域的安全生产，实行"谁主管、谁负责；谁分管、谁负责"，各级领导要真正做到把安全工作作为全馆重要工作之一来抓，不躲不靠、不流于形式。②坚持各级各类人员安全生产职责制度。明确从主要领导到具体工作人员的安全生产职责，层层组织签订责任书，一级抓一级，一级对一级负责。③坚持安全生产工作例会制度。定期开会研究安全生产工作，每季度至少组织召开一次安全生产工作会议，遇有紧急情况随时召开。④坚持安全生产值班制度。在重要时段、重大节假日实行24小时值班，领导带班、专人值班，主要领导、分管领导和负责安全生产的干部必须24小时保持通讯畅通。⑤坚持馆领导联系重点部门制度。各馆领导分别联系本馆内安全生产重点部门，每月至少到所联系的重点部门检查一次，及时发现并解决问题。⑥坚持应急演练制度。为了防止各种突发事件的发生，要按照相关法律法规要求，综合了公共图书馆安全管理、业务工作、读者服务、行政、后勤、网络安全等多方面突发事件，制订《公共图书馆紧急灭火、抢救、疏散方案》及《公共图书馆突发事件应急预案》，并经常性组织演练，进一步提高公共图书馆员工应对突发事件的能力。⑦坚持门卫制度。出入门携物要有"持物证"，杜绝公物外流、财产丢失；个人和部门加班要申报；办公室不得存放个人贵重物品；人走关灯，下班时要先断电、关窗、锁门（平常人离开办公室也应锁门）；自行车、机动车不能乱停、乱放；办公室、阅览室不可留宿；入库凭证件并且要进行登记；食品不可带进业务区；读者入馆要存包等。⑧坚持每日清馆制度。办公室、阅览室闭馆后的清馆（包括断水、断电、关窗、锁门等）由当班人员负责；公共区域的清馆由保卫处负责。要做到

认真仔细、不留死角，发现问题及时解决，及时报告。

三、加强安全生产台账建设，提高公共图书馆安全管理水平

安全生产台账是安全生产管理的基础性资料，是反映一个单位安全生产管理整体情况的资料和具体过程记录，是用于安全生产日常管理的各种文本、文件、资料的统称。安全生产台账在安全生产管理中发挥着重要作用。首先是在台账资料的记录、整理和积累过程中能够起到自我督促、强化管理的作用；其次能够促进安全生产规范管理上档次、上水平；再次是事故调查处理的责任认定依据。安全生产管理既重视结果，看是不是发生了安全事故，同时又强调过程，看平时是不是加强了安全管理。在事故调查处理时就是要通过查阅安全生产台账等手段来认定责任和追究责任人。所以，要本着对安全生产高度负责、高度重视的态度和方便实用的原则，结合公共图书馆自身实际做好安全生产台账工作，落实专人负责安全生产文书资料与档案管理，按照标准化管理的要求做好相关文件资料的收发归档工作。将各项安全生产管理记录和资料按照内容和类别不同，分类成册、分类归档，进行科学规范管理。特别是在隐患排查方面一定要建立专门台账，对排查出的安全隐患要逐一登记建档，载明隐患所在地、隐患基本情况和隐患等级、隐患类别、整治措施和要求、整治目标和计划、整治进展和验收情况、整治责任单位和责任人员、整治资金来源和投入、安全防范和应急措施等。实行公开发布、挂牌督办、跟踪治理，直至整改完毕。

四、经常性组织开展检查，消除公共图书馆安全隐患

抓公共图书馆安全生产，只有经常性开展检查才能防微杜渐，防患于未然。一要落实检查责任。按照"谁主管谁负责""管生产必须管安全"和"属地监管"原则，明确公共图书馆主要领导为安全生产隐患排查治理第一责任人，分管领导为安全生产隐患排查治理直接责任人。二要突出重点。经常检查消防器材设备、走火通道、供电线路、危化品存放、安全制度和人员培训等硬件、软件是否符合安全要求。三要加强相关方管理。将承包方、租赁方、临时工、外来施工等相关方纳入自身管理制度。当前有许多社会团体租用公共图书馆的场地开展培训教育和学习交流活动，为防止出现安全管理漏洞，必须严格落实对相关方资质审查规定，并明确公共图书馆对隐患排查治理负有统一协调和监督的职责，相关方在相关业务领域内负有直接安全生产责任。凡引入相关方的，都必须签订安全生产管理协议，并在协议中明确各方对事故隐患排查、治理和防控的管理职责。四要加强消防和安全管理设施投入。要按照相关法律规定足额配备消防和安全设施设备，在年度预算中对消防和安全管理经费要优先安排，在日常经费开支中消防和安全管理经费要优先支出。

五、加强安全文化建设，提高干部职工和读者安全意识

安全生产是事关人民群众生命财产安全的大事，也是维护社会稳定的一件大事。公共图书馆能否持续稳定、安全高效开展服务，关键在于人们是否具备一定的安全文化素质和安全意识。要狠抓干部职工安全生产知识学习教育。组织学习《安全生产法》《消防法》等相关法律法规，举办消防和安全管理知识专项培训班，提高消防安全职业技能和管理水平，加强安全文化建设。深入组织开展"安全生产年""安全生产月"活动，利用网络、信息简报、宣传栏等进行安全管理宣传教育。充分发挥图书馆自身优势，组织开展安全管理读者讲座、图书安全管理征文等活动，加强读者安全文化教育，提高读者安全意识，努力营造人人懂安全、人人讲安全的良好氛围。

六、公共图书馆网络信息安全管理

公共图书馆作为当前城市文化建设的重要组成部分，其对我国国民素质的提升至关重要，而在信息时代背景下，图书馆的管理在传统档案管理的基础上正逐步向信息化网络化转变，而这也带来的新的信息安全问题。因此如何在提升图书馆管理效率的情况先保证图书馆信息的安全成为当前图书馆管理面临的主要问题之一。

（一）影响网络安全的主要因素

1. 硬件因素

一定数量的电子零件一同构成了完整的硬件系统，所以，一旦单个零件出现微小的故障，也会在整个系统中体现出来。硬件系统是指服务器构成的逻辑结构，这一逻辑结构是维持网络正常数据传输的。因此硬件的逻辑系统是网络进行信息传输和通信的保障，因此对硬件结构的优化将直接关系到整个网络的传输效率，它每时每刻需要处理大量格式各类的数据信息，所以对网络系统服务器的选择上，对功能和安全性有更高的要求，其硬盘配备既可是磁盘镜像，也可是磁盘双工，如此，便可以使出现错误的磁盘子系统，被切换至另一个磁盘子系统。计算机网络要详细地展开叙述，工程量是十分巨大的。因此，我们从地理范围的角度，将其大致简单分成两种，一是局域网，二是互联网。根据 ip 协议建立的网络拓扑结构是各个服务器与路由之间进行数据传输的根据，拓扑结构将直接影响整个网络的可靠性、可拓展性及数据包转发效率。很多图书馆的拓扑结构为总线 + 星型，通过建筑物垂直主干和楼层水平子系统分类好网络，使得网络更加可靠。即使水平布线产生一些故障，对机器产生的影响也是少之又少的，同样地，即使垂直主干发生故障，也只对某一楼层造成影响，不会影响整个网络大局，最低程度地降低网络瘫痪的概率。

2. 软件因素

对软件系统来说，要想实现高安全性的环境，预防病毒入侵是关键。病毒给信息系统造成的威胁影响是巨大的，它极具破坏性，且传染速度快，扩散面广，尤其威胁大型信息

系统。我馆的系统平台是 UNIX，其来自深圳图书馆开发的应用软件 ILASII，安全系数达到 C2 级标准，措施上有以下内容，对读写操作展开控制，带保护的子系统，审计和核心授权等，同时，其防毒能力显著优于 Windows 系统。

3. 人为因素

人为的无意失误，也会给数字图书馆的安全带来风险，例如操作员对安全配置的疏忽，形成安全漏洞，用户本身安全意识差，口令选择出现问题，账户随意转借或共享等。除了内部的威胁外，外部的威胁也不可忽视，某些"黑客"会通过隐蔽路径，进入图书馆的网络，从而达到窃取、修改数据，破坏文件的目的。这严重威胁着图书馆计算机网络安全。

（二）保障网络安全的对策

1. 划分网段和 VLAN 来实现

目前很多网络在局域网中采用广播的方式传输信息，而这将给整个网络的安全造成严重的影响，而划分网段正是在当下网络环境中提升局域网安全性的有效手段。因此，采用划分网段的做法，就是广播域限制在一定范围，然后有效分割开非法用户与网络资源，进而阻止用户进行非法访问。划分网段，有物理分段和逻辑分段着两类。物理分段在网络结构中直接对对物理层和数据链层进行分割分割，通过一刀切的方式阻止其各网段之间的通讯，对于层级之间的通讯则采用特定的协议进行划分；而逻辑分段是通过某种逻辑对整个系统网络层实施分段的做法，分段的方式和层级都可以进行调整。即使这样，对于运用 VLAN 技术的网络来说，依然存在威胁。譬如，局域网设备很大程度上将变为新的攻击对象，入侵检测技术，在其网络广播原理的基础上，容易引发的在交换网络中的运用问题，基于 MAC 的 VLAN，在本质上无法阻止 MAC 欺骗攻击等等。

2. 防火墙技术

正常情况下，防火墙是对电脑的联网是第一个起到保护作用的，其作用主要是当我们的网络受到非正常化合法化的入侵的时候起到控制隔离的作用。只要防火墙设置合理恰当，我们便能对所管控的区域的所有活动包括安全域进行监控和管理，甚至还能对没有经过授权的访问进行阻止。在当下，防火墙是效果最显著的保护网络安全措施之一。简单来说防火墙是一种软件支持下的流量控制系统，因此防火墙是一种特定的病毒防护系统，只能在特定情况下发挥作用，如果系统数据库不完善将难以达理想的防护效果。这种防护较为的被动，并没有主动防御手段。

3. 入侵检测技术

入侵检测技术是电脑联网的第二道屏障，它能对防火墙的安全漏洞进行处理和防御，提高系统应对不明的攻击的性能，从而使电脑的安全屏障更加完善。与防火墙不同的是，入侵检测技术所针对的对象主要是系统内部的所有信息，它通过关键点来收集和对比信息，以此来达到监管的目的。值得表扬的是这种检测和监管在不会降低网络的流畅度等参数的前提下就能完成对来自内、外部的非法入侵和操作错误的及时处理和网络保护。

4.有"备"无患

在网络安全的工作中，数据一直都被视为是重点保护对象。尤其是对于图书馆来说，信息数据的备份是十分重要和必要的。一旦数据丢失，后期就必须耗费大量的人力物力去重新组建信息库。为了避免这样的情况发生，必须定期对图书馆的数据做好备份。这样即使网络受到入侵导致数据丢失，也能恢复数据，不影响到工作。

图书馆计算机网络系统这一工作必须建立在丰富的严谨的理论依据上。如果前期的建设工作没有考虑并设置一个 B 计划用于处理棘手的情况，那么就不只是损伤软、硬件那么简单，而是可能会导致系统的瘫痪。可见，计算机网络系统的建设必须环环紧扣，思考周到，每一个细节都要严谨，每一种潜在危险都要设想到并制定应对措施，只有这样建立起来的制度才能更安全更好地服务于图书馆等各种主体。另外，还需要经常对计算机安全知识进行普及，这也是关键措施之一。

第二章　图书馆人力资源管理

第一节　图书馆人力资源管理可行性分析

在当今世界中，无论是哪一个图书馆要想生存与发展，都必须要依靠人、财、物资源的全面发展，而在这当中，人力资源是其最主要的资源，我们只要能够对其进行合理的开发与正确的利用，就能够使之产生再生力，进而成为一个取之不尽、用之不竭的巨大宝库。所以说，我们在进行图书馆的管理过程中，应当强化对人力资源的管理工作，来为我国图书馆的可持续发展提供重要的保障。

一、图书馆人力资源管理的基本概述

（一）图书馆人力资源管理的概念

所谓的图书馆人力资源管理，指的就是将管理学理论引入到图书馆人力管理中，并以此来制定出相应的人事管理方针政策，确定出人员的编制机构，对人员的考核标准加以明确，实现各部门人力资源关系的协调发展等系列活动，来实现对图书馆人力资源的优化配置，并优化完善图书馆的工作。通过人力资源管理，将馆员的特长与积极性充分地发挥出来，并确保其能够在合适的岗位上，做到人尽其才，来配合相应的管理机制，形成一个综合的管理体系。

（二）图书馆人力资源管理的重要性

首先，针对图书馆的生存与发展来说，人力资源管理开发是其最重要的生命线，在图书馆的各种资源当中，人力资源是其第一资源，是其他资源的使用者与支配者。图书馆员作为智力与知识转换的主要载体，高技能、高素质的创新性人才，是促进图书馆发展的一个重要资源。所以说，在图书馆事业的发展过程中，广大馆员必须要全面参与其中。其次，进行科学的人力资源管理，是留住图书馆人才的一个重要手段。图书馆员不仅是知识的管理者，同时也是知识与信息的重要承载者，其在图书馆的管理工作当中发挥着重要的影响作用。从本质上来说，发挥图书馆员的创造性与积极性，不仅能够有效地促进图书馆工作，同时也能进一步实现馆员的自我价值，来营造出一种职业价值归属感，确保馆员可以在相

对宽松的氛围中，实现自我发展。与此同时，也能够更好地激励员工进步，实现自我创新，并以此来开展更加专业化的服务，让馆员可以在不断地进步与完善当中，以更好地状态去迎接新的挑战。

二、图书馆人力资源管理现状

（一）管理者的管理理念过于传统

在长期的发展过程中，我国图书馆主要还是以传统藏书建设为核心，并通过对其所藏图书资料的保存与组织基础上，来为读者提供相应的服务。与此同时，图书馆的人力资源管理，也始终处于一种传统的管理状态当中，也就是传统的人事管理模式，而这种模式基本上属于行政事务性工作，所强调的主要是让馆员严格遵守纪律，然而其对于工作人员的服务质量与工作态度等，则缺乏系统的考虑，因此忽略了对馆员的继续教育与培训工作。此外，在实际的图书馆管理过程中，部分领导认为，要想实现图书馆的发展，最主要的就是增加投入，而资金短缺，则是其发展过程中的一个重要瓶颈。事实上，在知识经济时代背景下，图书馆的发展危机，最主要的还是没有一支高素质的馆员队伍，落后的管理思想在很大程度上抑制了馆员的能动性，导致其对图书馆工作的开展产生不利的影响。

（二）人才队伍知识结构不合理

在网络环境下，我国的图书馆服务也变得越来越多样化，这就使得图书馆的人才队伍知识结构也出现了异性的变化。不过，就针对目前的实际情况来看，图书馆管理人才队伍的知识结构相对来说还比较单一，对于图书专业了解较深的人员，对于其他的专业知识却了解不多，而掌握其他专业知识的人员，却没有对图书情报的专业技术有一个系统的学习，使得图书馆的管理工作难以深入，再加上继续教育的缺乏，导致馆员的网络知识与计算机技术等普遍不高。而就针对目前的实际情况来看，如果管理人员的外语水平与计算机技术跟不上，将会导致很多服务工作难以开展进行。所以说，进行人员知识结构的调整，是目前所面临的一个重要问题。

（三）管理人员的学历层次较低

从本质上来说，图书馆属于知识密集型机构，因此，在图书馆中，管理人员所担任的，主要是信息与知识的产生、整理与加工等，馆员所做的并不是简单的机械事务，因此，馆员必须要具备一定的知识储备。从相关的调查数据当中我们可以得出，现阶段，中国图书馆的馆员学历层次相对来说还比较低，存在着知识储备少，知识老化等各种问题，这样一来，其就很难与现代知识经济时代所强调的高能力、高学历同步。在长期的科学技术发展过程中，要求图书馆所提供的服务必须更具综合性、专业性与知识性，因此，在日后的发展过程中，我们应当加强引进博士、硕士等一些学历较高的人才，并加强对馆内人员的继续教育，来提高管理人员的学历水平。

三、中国图书馆人力资源管理策略

（一）强化以人为本的管理理念

在实际的图书馆管理工作中，以人为本是重要的核心指导思想，因此从上到下都要始终坚持以人为本的管理理念。上层领导要重视"以人择事"和"为人设事"，采取合理、科学的方法，安排和分配人员的工作，还要充分考虑馆员未来的成长和价值。人力资源作为图书馆文献资源外的另一重要资源，要做好全面的开发计划，并在图书馆现有资源基础上建设和创新工作，才能保证图书馆工作的顺利开展和信息资源的良好保存与开发。从本质上来讲，图书馆所提供的文献信息资源服务，需要依赖于信息资源的开发者，如果我们不能对人的活力进行充分的激发，那么就很难调动其积极性，这样一来也就难以充分释放出人对于文献资源的开发能力。因此，在进行人力资源的管理过程中，应当强化以人为本的管理理念，培养出一支高素质的人才队伍，来满足图书馆日益增长的业务需求。

（二）进行人员结构的优化完善

针对事业的发展来说，其最根本的还是在于人才的发展。针对图书馆的服务来说，其是分层次的，例如，信息服务和借阅服务本身就存在着一定的区别，而在不同的岗位中，其所需要处理的工作也有着不同的复杂程度。与此同时，在相应的人才队伍中，无论是学识还是能力与思维等，也都因人而异。所以说，人才和岗位的配置必须要讲究科学性，将岗位的需求与人才的特点充分地结合起来进行综合考虑，来对人力资源进行优化配置，能够有效地调动馆员的创造性与积极性。而就图书馆来说，在传统的人事制度中，往往更加重视的是学历与学资，但是，个人的能力与素质等，和学历并不成简单的正比关系，因此，在进行人力资源管理的过程中，应当充分重视个人的差异性，并确保每个人都能站在最适合他的地方，才能真正确保其才能的充分发挥。

此外，机构优化完善后团队精神也是必须关注和强化的一点。传统图书馆工作职能条状分割，部门之间都是各扫门前雪，没有建立起有效沟通和协作，工作连续性丧失。图书馆一旦进行完人员结构的优化，就要通过形式强化团队精神，形式上有硬性的机构设置，工作上有项目团队，但团队中的每个人都是主人，对工作都有同等的权利，在工作上可以畅所欲言，服务组织和团队，从而提升团队整体能力，使人力资源建设更加完善。

（三）建立健全的人员激励机制

从根本上来讲，要想全面提升人力资源的管理效率，最重要的就是建立完善的激励机制，通过激励的方式，来对职工的潜能进行深入的开发，并以此来提高馆员的工作积极性，产生努力工作的内在动力。而就图书馆本身的工作性质来说，其对于员工最好的激励机制，就是环境影响。其中，所谓的环境影响，指的就是通过构建良好的图书馆文化氛围，来让员工们可以在一种和谐的环境中工作，确保员工间的相互关心与相互帮助，这样一来，不但能够让馆员的积极性得到最大化的发挥，还可以确保整个图书馆队伍的稳定性。在文化激励过程中，尊重是其最基本的形式，员工之间以及上下级之间的尊重，对于员工工作积极性的开发来说是一种非常强大的精神力量，其能够更好地凝聚团队精神。因此，我们应当充分运用文化激励的形式，来不断提高图书馆的收益与地位，强化对人才的培养，增强综合馆力，构建起一种人力资源合理开发与利用的大气候，并通过这样的方式，来将图书馆的群体效应最大化地发挥出来。

（四）建立完善的人才培养机制

人才是推动发展的重要力量，在进行实际的人力资源管理过程中，应当强调对人才的投资与培养，来促进职工技能的提升与知识的更新，并以此来积极鼓励其主动参与到学习当中，努力将图书馆构建成一个学习型的组织，这不管是对于人力资源的开发，还是对于专业人才的利用来说，都非常重要。因此我们应当建立完善的人才培养机制，加强员工的在职培训，可以在图书馆当中建立培训中心，来对员工进行定期的在职培训，积极组织馆与馆之间的互相交流与学习，除此以外，还应当积极鼓励其进行深造，来弥补人才的流失，避免人才竞争对图书馆的发展产生不好的影响作用。

（五）重视年轻人才的起用

当前的图书馆管理，年轻人比较少，知识层次、管理创造力也因此受到了限制，因此在管理方面应大胆善用年轻人，尤其是管理方面的研究生要重点考虑，不然很容易造成高层次、高智力人力资源的浪费，限制图书馆的发展。由于很多研究生并不是图书管理专业的，因此可以对这些人员开展针对性的图书情报专业的培训，强化他们的管理知识掌握和技能实践能力，加快他们进入新专业、新领域的步伐，并制定计划，有部署地让他们进入特殊岗位，相信年轻一代的工作热情、创作欲望及坚持努力劲头会给图书馆带来新的活力，开创新的发展局面。

总而言之，与传统的管理理念不同，人力资源管理的关键在于把人的思想融入管理的范围当中。并始终坚持以人为本，来全面调动起人的主动性和积极性，在现代图书馆的建设当中，是一种最理想的管理模式。我们只有强化对人力资源的管理，才能真正让图书馆的发展在激烈的人才竞争环境中立于不败之地，促进图书馆的现代化建设。

第二节　高校图书馆人力资源管理

管理是指通过领导、组织、控制、计划及创新等方法，结合信息、时间、人力、物力、财力这五大要素，高效地完成组织目标的过程。管理的目标主要是为了实现"一个中心，两个基本点"：一个中心就是组织的任务目标，两个基本点就是达到的效率以及效果。职责是管理过程中各项活动的基本功能，称为管理的要素，是管理原则与管理方法的具体表现。管理的过程就是要在组织目标的引导与激励下，提高管理效率，增进管理效果。效率是产出与投入的比例。组织的投入包括劳动力、原材料、资金、技术、信息和时间等；而产出是指生产经营活动所取得的成果，包括产品及服务，当然这些产品及服务必须是合格的或有效果的。效果则与组织期望获取的目标有关，是指完成目标任务所达到的有效程度。当管理最终实现或对实现组织的目标有一定帮助时，即管理达到了效果；否则，就是无效的管理。

人力资源管理是指组织为了开发、获取、保持以及有效利用在生产和经营过程中必不可少的人力资源，通过运用科学、系统的技术和方法进行各种相关的计划、组织、领导和控制活动，以实现组织所设定目标的管理过程。

人力资源管理包括人员招聘和选拔、人力资源的战略与规划、工作分析、职业生涯管理、员工培训、绩效管理、薪酬管理及员工福利等方面的内容。现代人力资源管理与传统人事管理有非常大的不同。传统人事管理只局限于人员选拔、招聘、工资发放、委派、档案保管之类具体而琐细的工作。在组织架构中，传统的人事管理主要归于行政事务，工作内容及范围极其有限，极少能够涉及组织的高层战略决策，往往被视为是技术含量较低、无须特殊专长、低档的工作，而部分单位的人事部门有时甚至被专门用于安置其他部门不能胜任的人员，因此人事功能本身也被轻视和贬低了。

近几十年，西方国家的人本主义管理理念与模式逐渐成熟，传统形式上的人事管理方法，已经在很大程度上不能很好地适应现代化生产管理的需要。人力资源作为组织中最重要的资源已经得到普遍的认可，传统人事管理的模式已经被人力资源管理的模式远远超过，其间的主要区别表现为如下几个方面。

首先，在管理的形式方面，传统的人事管理属于最基本的行政工作，其主要是作为一个普通事务性部门行使职能，极少参与组织高层的战略决策部署。人事部门只负责收集和整理员工的基本信息，作为高层管理部门决策的参考依据。而人力资源管理则是以人为中心，重视对员工的智慧、创造力和能力的开发，把人力资源管理工作作为一个系统性的整体。人力资源管理工作既要有战略的高度，又必须具有能够进入员工心理活动领域和感情世界的深度和广度。管理的方式是把员工看成社会人，通过各种途径帮助其实现自我价值，并且对待组织内的员工报以平等，服务的态度。

其次，在管理的内容上，传统的人事管理只在雇佣管理层面上从事管理工作，其主要工作内容只是简单的人员招聘、录用、选拔、考核、工资待遇、档案保管等具体的工作。人力资源管理不仅包含雇佣关系层面所需做的工作，还要从能够实现组织目标的角度，对组织中的人力资源进行全方位的管理和具有前瞻性的规划。其工作空间更为广阔，涉及为实现组织目标进行人力资源市场预测、制定人才队伍建设战略、进行工作成果分析、在工作中建立沟通渠道、对员工进行业务技能培训和绩效考核、确定职务升降、帮助员工进行职业生涯规划等。

最后，在组织机构中的地位方面，传统人事管理被看作属于技术含量低、无须专长、无足轻重的一类工作。人事管理属于具体执行部门，无战略决策权。现代人力资源管理则既属于高层工作，又能在中、低层中发挥作用。在高层次方面，要参与组织的核心决策，根据战略意图制定人力资源战略和人力资源规划；在中层方面，要对各部门的工作予以协调和指导；在低层次方面，则要完成许许多多与员工有关的事务，在这一层面上主要包含着传统人事管理的工作。综上所述，人力资源管理较传统人事管理更具有主动性和战略性，更适应当今组织的管理模式和发展趋势。

一、我国高校图书馆人力资源状况

高校图书馆是大学的重要组成部分，是高校的文献信息中心，是为教学和科研服务的学术性机构，是知识的宝库，是寻求知识、追求理想的净土，是大学生的第二课堂。自改革开放以来，我国高校图书馆人力资源队伍发展迅速。

从在编馆员数量来看，2014年共有651所高校图书馆提交了有效的在编馆员数据。在编馆员总人数为26 255人，在编平均人数约为40.3人，众数为10人，标准差为37人，中位数为29人，这些说明了高校图书馆之间的在编馆员数量相差较大。2014年在编馆员人数排名前5的高校图书馆中，只有中山大学图书馆的在编馆员人数在持续增长，另外4所均在持续减少，这也预示着高校图书馆在编馆员的人数会继续减少至一个合理区间。在编馆员最多的武汉大学图书馆有286人，而山东协和职业技术学院图书馆、泉州理工职业学院图书馆、北京师范大学-香港浸会大学联合国际学院图书馆的在编馆员均为0人。

其次，从图书馆从业人员的质量来看，全国共有644所高校图书馆提交了职工学历数据，其中427所高校图书馆没有博士学位馆员，216所高校图书馆拥有博士学位馆员，拥有博士学位馆员总人数为596人（2013年为597人），平均每馆拥有博士0.93人（2013年为0.78人），中位数和众数都是0人，标准差为2.08人。在提交数据的高校图书馆中，有66.4%没有博士馆员，15.6%仅拥有1名博士馆员，7.3%拥有2名博士馆员，仅有4.8%的高校图书馆拥有3～4名博士馆员，仅5.9%的高校图书馆博士馆员人数在5名及以上。

644所高校图书馆提交了在编硕士学位馆员的信息，其中69所高校图书馆没有在编硕士学位馆员，575所高校图书馆拥有在编硕士学位馆员，拥有硕士学位在编馆员总人数为6 396人（2013年为2 867人），平均每馆拥有硕士馆员9.93人（2013年为8.7人），中位数值为5人，众数0人，标准差为12.6人。仍有10.7%的高校图书馆没有硕士馆员，19.4%的高校图书馆仅拥有1～2名硕士馆员，21.3%的高校图书馆拥有3～5名硕士馆员，17.9%的高校图书馆拥有6～10名硕士馆员，11.2%的高校图书馆拥有11～16名硕士馆员，拥有硕士馆员在17人及以上的高校图书馆占19.7%。这些表明硕士学位馆员正成为高校图书馆开展知识服务的生力军，是高校图书馆引进人才的主要对象。

638所高校图书馆提交了有效的本科馆员学历数据，共拥有本科学历馆员12 373人，本科学历馆员的总人数是硕士学位馆员总人数的1.93倍（2013年是2.24倍），平均每所高校图书馆拥有本科学历馆员 19.4 名（2013 年是 19.7 名）。这些表明本科学历馆员仍是高校图书馆的主力，但其数量正在逐渐减少。有 36% 的高校图书馆拥有 1 ～ 10 名本科馆员，27.6% 的高校图书馆拥有 11 ～ 20 名本科馆员，16.2% 的高校图书馆拥有 21 ～ 30 名本科馆员，14.2% 的高校图书馆拥有 31 ～ 50 名本科馆员，仅有 4.9% 的高校图书馆拥有本科馆员超过 50 名。拥有本科学历馆员最多的高校图书馆为武汉大学图书馆，总人数达到 138。

我国图书馆人力资源队伍虽然从总体上看，在质和量两方面都较以前有很大发展，但仍存在很多薄弱环节和亟待解决的问题。例如，随着我国高校图书馆逐步走向自动化、数字化和网络化，图书情报学知识已经成为图书馆工作的基础知识之一，计算机操作技能也成为现代图书馆员必备技能；而我国的图书馆员，除了在总体学习水平上与世界发达国家仍有很大差距之外，还在个体上呈现参差不齐的状况，具体表现为"两低一高"：计算机人才比例低，图情知识专业人员比例低，没有掌握图书馆相关知识的人员比例高。

二、我国高校图书馆人力资源管理存在的问题

（一）人才流动性大，素质参差不齐

图书馆工作职位流动性大，绩效考核量化困难，馆员工作绩效不能与工资报酬直接挂钩，这种情况严重挫伤了馆员工作的热情和积极性。高校图书馆理论上是学校教学科研活动的三大支柱之一，但在实际运作中，图书馆员在学校的地位尴尬，在学习、进修、评定职称及岗位津贴等各方面的待遇中都远不如教学等其他部门的人员，这直接造成了有能力的人在图书馆待不住的现象。年轻的研究生刚来时满怀雄心壮志，意气风发，但在认清图书馆员所处的尴尬现实后，很难再对图书管理的工作产生热情和兴趣；有能力的马上跳槽另谋高就，能力稍弱的就抱着铁饭碗"当一天和尚撞一天钟"。长此以往，图书馆员队伍里优秀人才流失严重，丧失了其应有的活力。与此同时，由于行政权力的干预，图书馆成为"安置所"，各类不合格人员的进入干扰了正常的人才发育程序和补位机制，使人才生长机制和合理的人才结构遭到破坏，导致人才素质水平参差不齐。

（二）行政权力干预，管理松懈落后

很多高校的行政管理人员对图书管理人员队伍的调配缺乏重视，更遑论整体的考虑和长远的目光。有的学校图书馆甚至成了解决职工家属就业、安置引进人才的家属、安排其他部门精简而分流下来的职工的场所；如此，图书管理人员的队伍自然杂而不精，素质参差不齐，学非所用、用非所长。同时，图书馆员调动随意，导致人员组合的盲目性，使图书馆员在整体组合上缺少学历、资历、能力、年龄等方面的互补，极大地阻碍了图书馆工作效益的发挥。而在观念和方法上长期停留在"人事管理"阶段，未能上升到"人力资源有效配置"的高度。对图书馆事业发展最重要的人力资源常常只限于安排而缺少后继的建设。

（三）忽视再教育，馆员素质偏低

目前很多高校往往只重视对图书馆硬件的投入，而忽视了馆员再学习潜能的开发，不重视对馆员自身素质的提高。再教育的滞后，直接导致了馆员的知识储备不能及时更新，不能适应图书馆事业的发展。现有人力资源存在着高层次人才太少、复合型人才紧缺、工作人员知识结构单一、应变能力差等问题，不少人面对社会各阶层、各行业的信息需求显得力不从心。加上长期在计划经济模式下运行，对市场经济运行机制缺乏组织协调能力和应变能力，普遍缺乏能适应信息服务需要的技术人才，更缺乏能开展信息咨询、市场调研、信息分析的高素质信息服务人员。

（四）制度不完善，缺少长远规划

目前，高校图书馆普遍缺乏有效的人力资源开发与管理工作的长期规划，不太重视对馆员的岗位培训。馆员的入馆渠道缺少制度上的制约，工资制度不尽合理，人事管理制度缺乏激励机制，竞争和淘汰机制还没有真正发挥作用，分配中的平均主义思想还未根除，特别是缺乏规范的人力资源培养、吸引、稳定和业绩考核、奖励等方面的规章制度。

三、人力资源管理的特点

（一）统一协调性

人力资源管理在实施过程中具有统一协调性，主要体现在两个方面：一是只有整个组织中各个部门共同支持与执行，才能保证人力资源管理的顺利进行；二是为树立在管理中的权威性，人力资源管理的各项职能在实施过程中必须保持一致性。

（二）实践性

人力资源管理具有极强的实践性，只有在实际的管理工作中不断地总结经验和概括，才能源源不断地得出各种管理理论。市场竞争以及现代工业社会化发展也需要各种管理理论。现代社会人力资源管理强调组织与员工之间的"共同利益"，并注重挖掘和发挥员工更大的责任感和主动性。

（三）社会性

人力资源管理有其相当的社会性，它受民族、历史、文化、制度等社会因素影响较大。因为社会系统中各种因素制约着人的行为，因此，必须考虑人所处的社会环境，才能进行有效的人力资源管理。

（四）综合性

人力资源管理由于管理的对象是人，而人的行为会受到内在的生理、心理和外在的政治、经济、文化等诸多方面的影响，因此，在人力资源管理的过程中也会使用到多学科、各方面的知识，可以说，人力资源管理是多学科的融合。

四、高校图书馆人力资源管理的内容

高校图书馆人力资源管理的主要内容包括人力资源政策的制定、规划、人力资源的选拔、培训和开发、绩效考核、薪酬管理、激励和福利等。

高校图书馆属于事业单位性质，其传统人事管理是政府机关人员管理和科研单位科技人员管理的融合，行政体制和计划经济体制的残余制约着传统人事管理。图书馆的传统人事管理是被动、孤立和静态的，只是图书馆众多一般性行政管理中的一项，其工作职责只包括人员调度、考勤记录、绩效评价等执行性的工作。而图书馆人力资源管理相对于传统人事管理的职能，增加了人力资源的开发与规划、岗位设置、行为管理和职工继续教育等内容。因此，图书馆人力资源管理比传统人事管理更具有整体性、计划性、战略性和预测性。图书馆人力资源是图书馆全体职工智慧和能力的总和，劳动者的数量和质量是其主要表现形式。图书馆人力资源管理是指综合运用管理学、人类学、社会学和心理学等相关知识对图书馆人力资源整体规划、培训管理、选拔录用、考核激励等内容的计划、协调、组织和控制的过程，其目标是为了充分利用图书馆的人力资源，充分发掘每位员工的潜能，充分调动其积极性，以提高工作效率，努力实现图书馆的服务宗旨［2］。

只有提高思想认识，树立"以人为本"的管理理念，加强图书馆员工的教育培训工作，以最大限度地充实人力资源队伍，提高图书馆员工整体素质，切实推行竞争上岗，落实激励机制，才能提升图书馆人力资源的建设与管理效力，并且充分发掘图书馆人力资源的突出优势。

图书馆的生存与发展，需要依靠包括：馆舍、馆藏文献、设备、经费支持、馆员等在内的硬件资源、财务资源、人力资源。在这3种资源中，最具有变数及决定性作用，其效能的发挥最具有弹性和活力的只有人力资源。图书馆员是文献信息的开发者，开发的文献信息资源服务于社会，如果不能够激发人的活力，不能充分调动人的积极性，那么也就不可能最大限度地释放出人对文献资源的开发效能。因此，在某种程度上，图书馆的生存与发展直接依赖于人力资源管理的水平。

五、高校图书馆人力资源管理的特点

（一）权威式的管理模式

传统的人事管理制度，主要是以人管事，在用人上以"事"为中心。上级领导直接干预人员配置，极少考虑能否充分发挥出人员的作用，侧重于解决眼前问题。即依靠行政命令与规章制度管理，来发挥人事管理的作用，属于权威式的管理模式。主要表现在：图书馆的各级领导包括部门主任基本上是上级指派的，即使有个别是竞聘产生，也是形式大于内容，且基本上是终身制的；图书馆的编制也很难确定，既有领导夫人、博士夫人，也有部分属于下岗分流人员，甚至身体残疾人员也都依靠行政手段随时安置在图书馆，致使一些图书馆编制随意性很大，无法做到定编定岗；部分图书馆领导在人力资源开发上缺乏长远的目光，受制于自身水平和能力，无法对发展需求做出准确研判，只是偏重于馆员短期技能的培训和提高；图书馆职工的职称评审和职务晋升没有完全依照人的能力，大部分还是"先入为主""论资排辈"，致使许多人，特别是新进高学历人才的积极性受到挫伤，失去了主动晋取的精神；图书馆的用人岗位也不合理，受制于人力资源的组成结构，可用人力有限，不少学历较高的工作人员从事流通借阅等技术含量较低的工作，不能做到人尽其用，导致出现人员安排不当的情况。部分馆员的贡献与其所具有的人才价值相背离，没有发挥出其应有的主观能动性和聪明才智；图书馆在校内的整体形象得不到提高，领导对内只能一味强调职工的奉献，而福利待遇、地位都较低。

（二）预警式的管理模式

侧重于变革管理和人性管理的图书馆人力资源管理，在其运作过程中，重点放在人力资源的获取和使用上，其取向是战略性的，强调人力资源管理在图书馆运行中应有的配合，属预警式的管理模式。这种管理模式是将组织内的所有人力资源的取得开发保持和利用等方面做适当的计划、组织、指挥和控制的全过程管理。简单地说，就是对图书馆的人和事，以科学方法做出适当的调配，使人力的作用得到充分的发挥，以促进图书馆事业的发展。高校图书馆在人事管理的过程中要以人为中心，从仅仅把人看成管理对象，转变到树立以人为本的人力资源管理理念。人力资源是图书馆拥有的资源中最具价值和战略性的资源。现代图书馆的竞争不是文献数量和设备数量的竞争，而是人才的竞争。因此，我们必须充分吸引、挖掘、培养图书馆的各类人才，合理组织、使用、激励拥有的人力资源，即"人与事配合，事得其人，人尽其才"。

六、建立高校图书馆人力资源管理新机制的策略

（一）树立人才第一的战略观，实现能本管理

列宁说："图书馆员是图书馆事业的灵魂"；美国也有一种说法，在图书馆服务所发挥的作用中，5%来自图书馆的建筑物，20%来自信息资料，75%来自图书馆员的素质。可见人力资源是一种非常重要的资源，最具能动性。资金、馆藏、自动化系统等都需要人去使用和支配，因此应确立以人为本的管理理念，实施人力资源建设战略，建立有利于人才发展的管理机制，为馆员创造一片广阔无垠的发展空间，达到人才兴馆的目的。刘建丽教授在其《刍议高校图书馆人力资源的开发与管理》一文中便提到过，"在当今以"人"为核心，视人为"资本"的知识经济时代，人在各类活动中的主导地位已显现出来，人力资源的开发与管理的实质就是围绕以"人"为核心，更好地挖掘人才、用好人才。挖掘人才是人力资源开发与管理的前提和基础，尊重人才、培养人才是人力资源开发与管理的具体体现。只有认识、挖掘人才，才谈得上尊重、培养人才，并根据人的特点实施各种管理方式，从而达到以人为本，实现经济效益的目标。只有尊重人才并合理地使用人才，才能吸引人才，留住人才。图书馆人力资源的开发就是把图书馆的职工看作一种重要的人力资源，一种财富，要充分地认识、挖掘和利用这种财富，才能吸引、留住潜在合格的图书馆界人才。充分挖掘人才、培养人才、合理使用和激励图书馆的人力资源，提高图书馆的竞争力、服务质量和凝聚力，形成既有利于提高图书馆的工作效益和决策水平，又使馆员个人心情舒畅那样一种生动活泼的局面，是图书馆管理人才的核心。"

图书馆的管理理念，经历了从岗位责任制到目标管理再到人本管理的发展，这表明图书馆一直能顺应历史的潮流，不断更新自身的管理理念，以实现自身的发展和进步。管理理念的更新，是推动图书馆事业持续发展的动力。近年来，人本管理进入了新的发展阶段——能本管理阶段。"能本管理"是一种以能力为本的管理，它通过有效的方法，最大限度地发挥人的能力，从而实现能力价值的最大化，把能力这种最重要的人力资源作为组织发展的推动力量，并实现组织发展的目标以及组织创新。把这一理论应用于图书馆，开辟了图书馆人力资源管理的新思路，是提高图书馆人力资源管理的一个重要途径。

（二）改革人事制度，严把馆员入口关

在传统的高校人事管理制度下，图书馆理想的岗位往往不是通过自己努力学习、不断更新知识和提高技术所能获得的。这种管理使得人的能力得不到充分的发挥，工作没有满足感、成就感，这对高校图书馆的工作及发展极为不利。因此，必须建立科学的激励机制，知人善任，引导馆员把个人需求与图书馆事业发展目标结合，互动发展，达到双赢，才能更加适应时代的发展，更好地实现高校图书馆的人力资源管理工作。高校图书馆可以按照国际上图书馆界成功的先例，建立图书馆员职业准入制度。求职者要先通过学历验证，然

后参加图书馆学专业知识、计算机、外语和综合素质测试，确认达到起点资格和执业资格后，才能颁发资格证书，等待图书馆正式聘用才能上岗工作。这既从根本上切断了不合格人员的入馆渠道，又优化了图书馆人力资源。

（三）完善内部管理，激发工作热情

完善图书馆组织结构，实施岗位分类分级管理，各级岗位的任职资格、职责、待遇等应有明确、明显的政策区划。实行统一考核制度，调整人员结构，实行优化配置。通过统一标准的公平、公开、公正的考核，确定各个岗位考核分值，采取自主、择优方式选取岗位，优化人力资源配置，提高工作质量和效率，做到人尽其才。图书馆现行的工资制度是按职称定工资，不与工作绩效挂钩，使馆员重视职称评定而忽视日常工作。因此，必须改革现有的工资制度，实行岗位工资制，工资待遇与职称脱钩，统一规划全馆工作岗位，按工作量、工作性质、效益确定每个岗位工资报酬。实行公开竞争上岗，签订各级责任状，规定工作目标、任职时间，不论是什么职称一律以现任工作岗位支付工资，这样就可调动广大馆员的积极性，激发工作热情。

（四）加强教育与培训，提高馆员素质

图书馆人力资源管理的首要任务是提高馆员的综合素质。馆员的整体素质是图书馆战略目标能否顺利实现的关键因素。数字化、网络化、虚拟化是21世纪图书馆的发展趋势，其服务方式、服务内容、服务手段将发生根本性的变化。新形势下图书馆对人才的要求从数量增长型转为质量提高型，尤其是对掌握现代化信息技术、懂管理、有较高外语水平又有专业特长的高素质复合型人才的需求将呈上升趋势。目前高校图书馆大多数馆员是改行或非图情专业毕业的，有的甚至没有学历，接受继续教育与培训，显得尤其重要。同时，对馆员进行再教育这项工程对馆员本身也具有非凡的意义，既体现了"人本管理"的优点和人文关怀，又让馆员有了继续学习的机会；从这个角度上来看，施行"再教育"也一定程度上充当了对外吸引人才、对内"固土培源"留住人才的关键环节。高校图书馆既可以采取在本馆建立培训中心，定期在本馆内部对员工进行再教育，也可以采取邀请专家学者开展学术讲座、选派相关人员进行专门进修等外部再教育方式来优化馆员的知识结构和提高馆员的专业素质，或者通过组织馆际交流、鼓励馆员攻读更高学位、业余自学等形式提高自身素质。

综上所述，图书馆人力资源是图书馆事业不断向前发展的重大推动力。只有更新观念、适应形势、立足现实，按照知人善任、人尽其才、才尽其用的原则，开发和利用好图书馆现有的人力资源，搞好图书馆人力资源的管理与建设，充分调动馆员的积极性、主动性和创造性，才能实现图书馆的发展目标，更好地为高校的教学、科研服务。

七、高校图书馆人力资源管理的作用

（一）提高高校图书馆核心竞争力

虽然企业间的竞争压力大于高校图书馆之间的竞争，但是高校图书馆间也会有比较，也会有分级，有比较、有分级就有优劣和层次的区别。想与时俱进，学习到先进的知识和管理方法必须具备核心竞争力。而图书馆的馆内文献资源、提供的服务和人力资源即是其核心竞争力的主要表现，这其中最具能动性和创造性的资源是人，但是只有经过科学有效地管理和培养，人力资源才能发挥巨大作用，否则会适得其反。图书馆只有完成科学高效的人力资源配置，才能使广大馆员团结、协作、互补，产生良好的工作效益。

（二）提高馆员的素质和技能

在图书馆管理中引入先进的人力资源管理理念，可以提高馆员的个人素质和工作技能，增强馆员的自豪感，提升工作积极性。管理者在日常工作中应综合考察馆员的技能水平和工作态度，引导其进行职业规划，并在其工作过程中遇到困难时给予指导，提升其工作进取心和主动性。将激励性措施纳入薪酬管理制度中，除了可以激励馆员的工作热情，还能提高图书馆工作者的自我成就感。

（三）提升图书馆服务质量

高校图书馆既是重要的文献情报中心，也是高校教学科研的服务保障中心，其功能主要有：一是帮助学校师生进行教学和科研工作，二是丰富精神文化生活，所以高校图书馆服务质量的高低直接影响到全校师生的学习、科研工作和精神文明创建。馆员综合素质的提升依赖于科学有效的人力资源管理，并促使图书馆员在工作中提供更加专业、精准、高效的学科服务。

（四）提升图书馆员工的专业化程度

目前高校图书馆从业人员没有统一的准入制度，所以无法形成统一标准和要求，导致图书馆工作专业化程度很难提高，如果图书馆推行职业资格证书的入职条件，则会相应提高入行标准，增加馆员的工作专业化程度，提升职业自豪感。

（五）图书馆相关学科的创新性

图书馆学能够提高知识社会的记忆与应用能力，为人们主动获取知识提供最佳工具与方法，图书馆学是为了人类获取知识而建立的可持续发展的学科。馆员可以通过工作实践及继续教育，掌握一定的科研方法，对图书情报学进行深层研究，不断提出创新观点，不断完善图书情报学的理论体系。

八、高校图书馆人力资源管理的发展趋势

（一）图书馆人力资源管理者角色将重新定位

随着人力资源管理中大量信息技术的使用与普及，以及高校图书馆非核心业务（如：图书资料加工、流通借阅、自习室管理等）的外包，图书馆人力资源管理的工作内容、工作性质和工作环境都发生了极大的变化。人力资源管理开始从事务型转为战略型，人力资源管理者对图书馆各项管理决策制订的参与度也越来越高。人力资源管理者必须重新进行角色定位。

首先，专业顾问角色。人力资源管理者将从传统的事务性工作中抽身，站在图书馆事业整体战略高度上，规划人力资源管理工作的方向，将侧重于做好图书馆人才规划，建立合理的图书馆人才结构，并做好馆员职业生涯规划的指导工作。人力资源管理者应该成为图书馆内最权威、最现实的人力资源管理顾问，为图书馆事业的发展提供有效服务。

其次，随着高校间资源竞争的加剧，不可避免地促使高校图书馆间的各类竞争（人才、项目、经费等）也日趋激烈，进一步凸显人力资源在图书馆事业发展中的重要性。人力资源管理者将更多地参与图书馆事业发展战略层的各项规划的制订过程。人力资源管理者在提高领导艺术、实现"自我超越"的前提下，有序推动人力资源管理模式的变革，提供战略性指导意见，使图书馆人力资源的创造性得到最大限度的发挥，为图书馆事业的可持续性发展提供强而有力的人才支撑。

（二）图书馆人力资源管理将走向科学化

科学技术的日新月异促使是现代人力资源管理必须科学化。人力资源管理理论的提出，使过去经验式的、被动的传统人事管理转变为技术化、科学化、专业化的现代人力资源管理。管理方法的科学化不仅能够优化人力资源的配置，提高人力资源管理的工作效率，更能提升员工的主动性和工作积极性。人力资源的科学管理强调动态平衡原则，因事定岗、因事择人。根据岗位的性质和工作内容，选择具备相应能力与素质的人，同时，根据人的技术能力、年龄结构、身体状况甚至家庭状况等特点来安排合适的工作。目前，人力资源管理逐渐重视员工的不同需求，提供继续教育、成长与发展等精神层面的激励机制，不断提高工作的挑战性与丰富性。人力资源管理随着技术的不断发展，将更重视利用多种科学管理手段来提高管理效率。

（三）人力资源管理趋于柔性化

图书馆为适应市场经济条件下激烈的人才竞争，柔性化管理是其重要的手段。随着现代组织结构的扁平化发展以及知识经济时代的到来，人力资源管理的"柔性管理"取代了"刚性管理"，企业与员工间的劳资关系也由契约关系代替了终身关系，使得人力资源管理越来

越注重"以人为本"的柔性管理。柔性管理其实质就是把"人"看作图书馆的最重要、最核心的资源，从馆员的心理需要以及自我实现的需要角度出发，充分调动馆员的创造性、主动性、积极性和归属感。柔性管理就是通过给予图书馆员充分的信任与最大限度的自由，提高馆员的主动性和自觉性，使得馆员独立解决问题的能力得到提升。柔性化管理使依赖于固定组织结构、规章制度而进行的传统管理方式得到了突破，更强调人力资源的管理方式要随着环境的变化而更加灵活和具有韧性，并且使为馆员提供的价值服务更加多元化，例如：注重馆员契约精神的建立，包括劳动契约和心理契约，重视馆员潜在能力的评价与开发，给予其自我素质提升与事业发展的机会，形成尊重知识、重视人才的良好氛围。柔性管理有助于协调馆员之间的关系，调和馆员之间或普通馆员与管理层之间的矛盾，促进馆员之间的交流与沟通，增强馆员的团队精神和集体归属感，使广大馆员能够全身心地投入日常工作中。因此，柔性管理以其"以人为本"的核心精神将是高校图书馆管理的发展趋势。

（四）人力资源管理国际化、信息化趋势明显

随着全球文化事业的发展，我国已成为国际文化交流的重要组成部分，国内高校招收的外国留学生数量一直呈上升趋势，我国高校图书馆与全球其他国家大学图书馆之间的交流也日趋增多，为使我国高校图书馆的建设跟上国际高水平大学图书馆建设的步伐，必然要求国内高校图书馆人力资源管理策略的全球化与信息化。

20世纪90年代起，随着网络信息技术和数据处理技术的发展，人力资源信息系统得到了广泛的建立与应用，例如，远程视频会议、电话面试、视频面试、语音信箱、HER（电子人力资源管理）系统等都已在人力资源管理活动中得到了广泛使用。在线测试、在线培训、员工自助活动也在很大程度上缩短人力资源管理周期，减少了一些常规性、重复性的工作，从而提高了人力资源管理效率。使得人力资源管理部门从单纯的人事档案信息管理转变为从图书馆事业发展战略的高度，提供人力资源管理的系统方法和人力资源管理解决方案。

（五）人力资源管理与图书馆整体战略管理的一体化

图书馆有效的人力资源管理有助于培养馆员的归属感，提高馆员的工作积极性，使馆员能真正将个人目标与图书馆的目标相结合，主动参与图书馆目标的实现过程中。因此，人力资源管理成为图书馆战略管理的重要组成部分。

当前，随着我国事业单位改革的不断推进。"高校去行政化""教授治校"理念的不断深入，越来越多的高校管理者和图书馆领导认识到，人力资源成为高校以及图书馆生存和发展的重要战略资源。图书馆的人力资源管理工作应该是动态的、具有前瞻性的、与图书馆的发展战略同步。图书馆只有将其战略规划与人力资源管理紧密相结合，才能在同行业中保持竞争优势，因为人力资源贯穿在图书馆战略规划的各个环节中，人力资源管理的支持能够使人力资源的效力得到充分的发挥。所以，现在人力资源管理者在图书馆战略规划制定过程中的参与和支持得到很多图书馆领导者的高度重视。人力资源管理者也渐渐从行政性、作业性的服务角色中抽身，转变为重要的战略角色影响着组织的发展。

第三章 现代图书馆的行政管理

第一节 图书馆行政管理

一、行政管理

行政管理是运用国家权力对社会事务的一种管理活动，也可以泛指一切企业、事业单位的行政事务管理工作。行政管理系统是一类组织系统。它是社会系统的一个重要分系统。

行政管理最广义的定义是指一切社会组织、团体对有关事务的治理、管理和执行的社会活动。同时也指国家政治目标的执行，包括立法、行政、司法等。狭义的定义指国家行政机关对社会公共事务的管理，又称为公共行政。

随着社会的发展，行政管理的对象日益广泛，包括经济建设、文化教育、市政建设、社会秩序、公共卫生、环境保护等各方面。现代行政管理多应用系统工程思想和方法，以减少人力、物力、财力和时间的支出和浪费，提高行政管理的效率和效果。

行政管理是一门科学，在《行政管理学》中，"行政管理"这一概念指的是行使国家权力的机构的管理活动，通称行政管理。它也指机关、企事业、社会团体等单位内部的管理工作。行政管理包含着行政目标、决策、计划、组织、职员、经费、方法等诸多要素，具有指令性和指挥性与执行性的重要特点。

（1）一切行政活动都是直接或间接与国家权力相联系，以国家权力为基础的。

（2）行政管理是根据国家法律推行政务的组织活动。在执行中又能动地参与和影响国家立法和政治决策，制定政策是行政管理的一种重要活动方式。

（3）行政管理既管理社会的公共事务，又执行阶级统治的政治职能。

（4）行政管理要讲究管理的效能和效率。它通过计划、组织、指挥、控制、协调、监督和改革等方式，最优地实现预定的国家任务，并达到应有的社会效果。

（5）行政管理是人类改造社会的实践活动的一个特定领域，有它自身发展的客观规律性。

二、图书馆的行政管理

图书馆行政管理就是遵循图书馆的自身特点及其运作规律，通过管理者采取计划、组织、决策、指挥、控制、协调、创新等行为，最合理地使用和最大限度地发挥图书馆的人力、财力、物力、时间等资源的作用，以达到办馆的目标和最佳效益的过程。图书馆行政管理是图书馆整体管理的重要组成部分，是业务建设和读者工作的调控中枢，是全馆各项工作的重要保证。图书馆行政管理，涉及人事管理、制定和督促执行各项规章制度、经费管理、档案管理、设备管理和后勤服务等多个方面。

（一）图书馆行政管理的特点

行政管理的要素是发挥人的潜能和积极因素，抑制其消极因素。图书馆的行政管理具有强制性、导向性和凝聚性等特点：

1. 强制性

任何一个集体都需要有统一的目标、统一的意志、统一的纪律，而要做到这些，必须依靠硬性的行政手段产生的约束力来实现。图书馆作为一个整体也需如此。但图书馆不同于其他行业，全面采取硬性管理是不行的，应根据其自身固有的特点，只能在某些方面实行一些强制性的办法，这是十分必要的，强制性的范围有不可动摇性，触犯者必须得到相应处罚。

2. 导向性

图书馆的导向管理十分重要，它可起到事半功倍的效果。主要包括：（1）制度导向。尽管图书馆的基本特征相同，但情况不一。外部环境、人员素质、设备状况、基础条件等差异很大，因此要根据自身条件和工作需求程度来确定一些导向措施。（2）行为导向。图书馆管理中最关键的问题是人员问题。工作的好坏、服务质量的高低，完全取决于人员的素质和工作态度。尽管每个图书馆都有强化的管理措施、严格的规章制度，但主动与被动、积极与消极必然是两种工作效果。这就要求馆领导要有一套以情感人、以理服人、以身正人、以力助人的工作作风。要创造出一个和谐良好的工作环境，使每个员工都能感受到组织的关怀和集体的温暖。

3. 凝聚性

一个单位凝聚性的强与弱，要看它自身是否具有活力，而图书馆的基本特征决定了自身活力不强。因为国家财力有限，对图书馆的投资不多，影响着图书馆的总体发展，加上社会价值取向的多元化，冲击着图书馆的管理，也给每个职工带来了不同程度的负面影响。所以，要增强自身活力，就要着力提高职工的工资水平和福利待遇。同时也要适当的提高年轻同志的待遇，营造"拴心留人"的氛围。

（二）图书馆行政管理的基本内容

1. 人的管理

人是最活跃、最积极的因素，物质资料是由人去掌握使用的，只有把人管好了，物质资料才能发挥最佳效益。所谓管理，归根到底是对人的管理。而人管理的好坏直接影响着工作效益的高低。如果是企业，将直接影响产品质量、经济效益。图书馆工作虽然没直接的产品质量、经济效益可影响，但它将关系到文献资源的开发利用和信息时效，关系到服务态度和服务质量，关系到图书的流通、读者获取信息和知识。因此，图书馆行政管理应把人的管理放在首位，把调动人的积极性、主动性、创造性作为管理的核心。

要提高全体馆员的整体素质和职业道德，充分调动其积极性、主动性和创造性，必须重视和加强职工的思想政治教育。要建立健全学习制度，坚持不懈地组织职工学习政治、时事、图书馆的方针、任务和它担负的社会职能。结合本馆的性质和特点，对职工进行职业道德教育，使广大职工真正树立"读者第一"的职业道德风范，自觉地弘扬职业道德，树立正确的人生观、世界观、价值观，并强化服务意识，使职工懂得应忠诚人民的教育事业和文化事业，恪守职业道德，认真履行岗位职责，发扬爱党、爱国、爱馆、爱书、爱读者"五爱"和敬业、爱业、奉业"三业"精神，并把这种爱倾注到服务中去，在为读者服务的无私奉献中体现出自身的价值。管理者要善于结合本馆的情况和职工思想的实际，有的放矢地开展耐心细致的思想工作，深入群众，注重调查研究，及时掌握职工的思想情况，解决职工的实际困难。

2. 规章制度的制定

建立健全合理的规章制度是图书馆实行科学管理的重要依据，也是图书馆改进工作作风，提高工作效率，加强职工队伍建设的一项极其有效的措施。图书馆工作是一项学术性、业务性、服务性很强的复杂劳动。图书馆要进行科学管理，必须根据自身工作的特点和发展规律，依法治馆，制定一套行之有效的规章制度，以限制与约束人们的行为准则，才能保证管理沿着科学化、规范化的方向发展，才能使决策正确、督促有力、协调有方的管理模式得到实施，使图书馆的工作达到最佳状态，保证图书馆总任务和总目标的实现。图书馆完整的规章制度应包括：馆、部、室的职责；各级管理者的权利与义务；会议制度；行政、业务及服务工作岗位要求；各岗位的工作细则、标准、条例；流通阅览、参考咨询、自动化手段规范；规章制度的行政管理和督促执行；考核，考勤奖惩办法等。健全的规章制度，是管理的有效工具。它不仅有制约作用，还有激励作用，激励工作人员努力做好工作，完成或超额完成馆里下达的工作任务。使职工在工作中有章可循，成为管理的重要依据，能使图书馆各项工作顺利地向预定目标正常运行。随着各种规章制度的不断完善，还可大大减轻日常管理工作压力，使馆领导有更多的精力和时间去思考，开拓工作新局面，处理一些重点、难点问题。总之，建立健全各项规章制度，对加强本馆的管理水平，提高职工队伍的整体素质和工作效率有着不可替代的重要作用。

3. 经费管理

经费是图书馆顺利开展各项活动的支柱，是各项工作正常运转的主要条件。近年来，加大图书馆经费投入已越来越引起各级领导的重视，而且投入也逐年递增。但是虽有投入的加大而无有效的管理，也会造成浪费和流失。随着投入的加大，图书馆也面临着对有限的经费如何更好地科学地管理及有效的使用等问题。尤其我国目前经济还不够发达，制约图书馆发展的物质因素不可能在短时间内得到解决，更加要求行政管理工作发挥主导作用，运用管理手段使有限的财力最大限度地发挥作用。众所周知，图书是图书馆开展服务的物质基础，没有图书，图书馆就没有生命力，更谈不上服务、效益和职能。因此，行政管理中的经费管理应本着统筹兼顾、确保效益等原则，有明确的指导思想，既要保证购书又要优先业务建设，对每年的经费都必须合理分配，全面安排，特别是在购书经费的使用上。第一，必须专款专用。严格按预算办事，不能与正常预算经费相互挤占挪用，使有限的专款经费发挥更大效益，确保采购计划的完成。第二，必须有效地使用经费。要根据本单位的任务，专业建设、藏书结构、读者对象及本馆特色来确定当年收藏范围、收藏重点及采购原则。严把采购质量关，坚决抵制那些非法出版物、色情、凶杀及质量低劣的图书入藏，复本量要适当。第三，必须合理安排经费。结合本馆藏书结构及本馆经费状况确定采购方针，实行书刊采购的科学管理，建立适合本馆实际的藏书体系。同时要完善采购管理监督机制，重视订单的复审与新书的验收，尽可能地避免错购、重购、漏购。确保采购的金额、品种和数量。要努力提高图书馆采购人员素质。对图书馆业务经费、办公费等也要进行科学管理，有效使用，严格控制采购经费。

4. 设备管理

自动化设备是图书馆的重要组成部分，它关系图书馆各项工作的顺利完成，也影响着图书馆的建设与发展。尤其在当今信息化、网络化的时代，加强对自动化设备的管理显得更为重要，怎样才能把设备管理好，管理核心应有两点：一是培养和配置专职设备管理员，充分调动管理人员的积极性、主动性；二是保证设备的完好率和提高设备利用率。首先要对设备进行科学化、标准化、规范化的管理。近几年来图书馆事业发展迅速，现代化建设、设施建设成绩显著。有的图书馆非常重视设备管理工作，已有了一套科学化、标准化、规范化的管理系统。但据了解，还有相当一部分图书馆还没有本馆的设备管理系统，这需要馆长们从思想上引起足够的重视。一套科学化、标准化、规范化的设备管理系统是维护图书馆正常有序工作的必要保障，也是图书馆管理软件中的重要组成部分。其次是要建立严格的设备管理制度。现代化的设备投入大，价格昂贵，种类繁多，建立严格的管理制度，采取科学的管理方法非常有必要。做好设备管理的目的是保证设备的完好率，减少故障，延长使用寿命，充分发挥设备的作用；做好安全管理的目的是为了保证设备的安全操作，注意防火、防盗，一定要指定专人负责各项安全防范工作。如电子阅览室、计算机室和检索室等都须有专职人员负责系统的运行和维护，实行专人专机，做到人尽其能，物尽其用，以最大限度地发挥设备的使用率和保证其完好。

管好用好设备，关键也是在人。培养一支精通计算机专业技术队伍至关重要。解决这个问题可以从三方面入手：①积极选用人才。可以从高校选拔思想素质好，基础知识牢，动手能力强的计算机专业的应届毕业生。②鼓励在职人员参加进修、培训。可以分期分批进行，进修、培训是提高专业技术人员水平的一个好途径，通过长期的进修、培训，可产生一批技术骨干，也可以做图书馆技术人才的储备。③可以让在岗人员边干边学，在干中学，在学中干。

5. 优化环境

环境展示着一个单位的风貌，影响着每一个人的心情，更影响着每一项工作的开展。良好的环境，可以使一个人精神振奋，可以使一个群体士气高昂，可以使一个单位蒸蒸日上。优化馆内读书环境，不仅可以树立起图书馆良好的整体形象，而且可以在两个文明建设中发挥作用。图书馆环境的好坏，直接影响着读者的心态，也影响着读者的数量。怎样为读者创造良好的学习环境，让成千上万的求知者在舒适的环境中认真学习，吸取精神营养，受到文明的熏陶，收到更好的学习效果，是行政后勤工作的一项重要内容，也是图书馆工作的宗旨。因此，要舍得对图书馆行政管理工作的投入，逐步改善和优化环境。首先图书馆要营造一个健康向上的政治环境。运用橱窗、黑板报、演讲会、报告会等形式，大力宣传图书馆，重点推荐新书、好书、电子资源，及时宣传社会上和本单位的好人好事，一些先进典型，以弘扬正气。其次努力营造宽松和谐的人际环境。人际关系是在人际交往中形成和发展起来的人与人之间的心理关系，好的人际关系环境的形成，能促进各项工作的顺利开展。要想使图书馆的工作顺利开展，也要有较理想的人际关系环境。

图书馆的人际关系主要有三种，即管理者之间、管理者与工作人员之间、工作人员之间的相互关系。这些关系处理不好，必然影响工作效率和服务质量的提高。根据图书馆女职工比较多的特点，要注意了解她们的需要与心理需求，采取必要的管理措施，使她们把注意力转移到有意义的工作上，就可减少人际间的不必要的摩擦和矛盾，创造一个和睦、融洽、愉快的人际关系环境。

6. 办公室管理

图书馆办公室是行政管理的中枢，是综合性的管理机构，是落实领导决策，沟通上下，联络左右，协调内外，完成上级组织交办事项，保障全馆正常运行的重要部门，也是图书馆的一个"窗口""门面"。只有充分认识它的重要地位和发挥其作用，才能确保全馆行政管理工作的正常运转。办公室工作概括起来应做好三件事情：第一，参与政务。遇到全馆性中心工作，在领导决策前提供必要的信息、数据，提出可行性方案供领导选择，主动地为领导出谋划策，做好超前服务。当贯彻落实领导决策后，要做好组织协调和保障工作。办公室要抓紧落实和搜集，了解在决策落实过程中的情况和意见，沟通各部门之间的密切联系，及时向领导反映汇报实施过程中的各种情况、意见。最后应把决策落实情况特别是效果，综合性总结，及时向上级部门报告，有的政务还应向全馆人员通报。这样使领导有的放矢地领导工作，取得最佳的工作效果。第二，管好事务。馆长的日常工作很多，要及时处理的事情也较多。这要求馆办公室的人员必须主动积极地帮助馆长办事情，干实事。办公室不仅经常处理众多的例行日常事务，而且还要处理各种临时性、突发性的事务，如公务接待、安全保卫检查、工作检查等。第三，做好服务。服务是贯穿办公室各项工作的主线。办公室工作人员要积极适应单位职能的转变，不断转变服务观念，把工作的重心与重点转移到为全局、为基层、为群众的服务上来。这里服务有两方面内容，一是馆内的服务工作，二是馆外的服务工作。而这些服务看起来是很一般的，甚至是不起眼的，但如果做不好，就会影响职工的情绪，影响全馆工作的顺利进行，有的甚至会影响到图书馆队伍的稳定、团结，对外则影响图书馆的形象。

图书馆行政管理是图书馆整体管理的重要组成部分，是做好业务工作和读者工作的关键。

三、图书馆行政管理的基本原则

图书馆行政管理的原则是行政管理本质的反映，其实际内容和具体的表现形式，是决定行政管理工作如何进行、怎样进行的基本准则。

（一）服务性原则

图书馆行政管理的服务性原则指的就是行政管理工作是为本单位的各项基础业务管理提供服务的，既包括工作人员需要，又包括广大读者的需求。服务性原则，不仅贯穿于行政管理过程的始终，而且贯穿于行政管理的各个领域和各个环节。

1. 为图书馆业务提供服务

图书馆是一个以为读者服务为基础业务的组织，这项基础工作受诸如财力、物力的支撑，工作人员的选择、培训等多种因素的影响，而行政管理工作正是可以管理这些因素的关键环节。行政管理必须秉持对业务管理服务的原则，根据业务管理的需要，有效及时地满足业务管理过程需要，促进图书馆事业的发展。

2. 为工作人员提供服务

图书馆工作人员是图书馆事业发展最活跃、最积极的因素，充分调动这部分人的积极性、主动性、创造性，使他们将爱岗敬业的精神真正地投入到工作中去，才是实现图书馆事业创新发展的保证。行政管理工作的一项重要内容就是要妥善做好人力资源的管理工作。人事管理中不仅要注重提高全体馆员的职业和道德素质，还要努力促进馆员的工作积极性，使他们在工作中没有后顾之忧，解决好工作人员的各种合理需求，保护馆员的身心健康。这就要求行政管理者要将服务原则运用到人事管理中，要具体结合本单位的实际情况，切实了解馆员的需求，耐心细致地开展人事管理工作。

3. 为广大读者提供服务

读者是图书馆的服务对象，图书馆的所有服务和业务都是以读者为核心，围绕读者展开的。行政管理也是一样，虽然行政管理人员并不直接与读者接触，但行政管理所承担的涉及财务、后勤等工作与图书馆的对外服务密切相关。行政管理在读者和业务管理中承担着调解中枢作用，是读者所享有的各类信息服务、知识服务的保证。

（二）效率原则

所谓效率原则是在图书馆行政管理中运用最少的行政投入（包括人、财、物等），获得最大的行政产出（包括社会效益、经济效益等）。具体应该从以下几个方面着手：

1. 建立高效率的行政组织机构

行政管理工作需要建立高效率的行政机构，设立这种机构应该做到：一是合理设置行政机构。机构的种类、数量的多少、层次的划分、规模的大小都要从实际出发，部门之间要分工合理。二是科学地确定行政管理机构内部的人员结构。任何行政管理机构都是由若干职位构成的，根据实际需要确定行政机构内部的各种职位，按照职位配备具有相应才干的人员。三是实行定编定员。行政人员的数量应科学地设置，注重精简机构，避免人员过多，无所事事，人员过少，穷于应付，妨碍行政效率的提高。四是要不断提高行政工作人员的职业素质和道德修养。行政管理是一门科学，从事的工作对行政人员的文化素质和职业道德有较高要求，同时从事这项工作还要对图书馆的基础业务有所了解，才能适应图书馆的发展要求。

2. 建立和健全行之有效的行政工作程序

图书馆行政管理工作涉及的范围非常广，处理的问题又非常复杂，很多问题还具有专业性。因此，为了有效地执行日益复杂的行政事务，行政管理工作程序必须科学化、制度化，使行政管理工作在具体操作时做到有章可循，还方便行政管理工作的考核。

3. 健全岗位工作责任制

岗位工作责任制是提高工作效率的有力保证。图书馆应根据行政工作的性质和特点，明确划分行政责任，职责要分明、分工要详细，应有数量、质量、时间等具体指标的要求，明确政绩考察的内容，建立各项考核和奖罚制度。一旦出现问题，立即追究，形成人人有动力，有压力，充分发挥人们工作的主动性和创造性，提高行政效率避免不必要的人、财、时间的浪费。

（三）整体原则

图书馆行政管理工作是一个多方面、多层次、多环节相互依赖、相互作用的整体。一方面，行政管理工作对图书馆基础业务具有辅助作用。为图书馆业务管理提供财力、物力的支持。另一方面，行政管理工作又决定着图书馆的发展方向，所以要求行政管理部门要积极与业务管理部门互相沟通，使行政信息协调、统一地在各部门之间运行，使业务部门与行政管理部门形成一个相互促进的整体，实现图书馆管理的目标。

第二节 图书馆办公室管理

图书馆办公室在图书馆处于中枢地位，是落实领导决策、沟通上下、联系部门、完成上级组织交办事项，保障全馆正常运行的重要部门，也是图书馆的一个窗口。

一、图书馆办公室的职能

（一）规章制度的建设

在图书馆的日常管理当中，规章制度是图书馆有效管理的依据。因此，办公室首先要建立并不断完善馆内管理制度。在制定有关规章制度之前，应从多个方面搜集本图书馆和其他图书馆制度管理的经验，召开专门会议征求其他人员的意见，并根据当前主要问题和以后管理需要拟定制度框架。待规章制度初步建立后，相关负责人要根据形势的发展需要对规章制度的运行情况进行检查，发现不符合实际地及时改进和完善，保证制度的先进性，否则规章制度就会脱离现实工作，实用性不大。有了完善的规章制度后，就要彻底地将相关制度落实到日常管理工作当中，因此办公室要经常深入其他工作部门检查规章制度的落实情况，保证制度的可执行性。

（二）信息收集与交流

图书馆办公室在图书馆的组织结构中处于重要位置，它向下能有效地传达馆长思想、向上能反映各部门意见和建议，是信息反馈的核心部位。办公室在日常工作中接收到的信息很多，所以信息的有效管理是图书馆日常工作的重要组成部分。如，收集和整理馆内的文件和资料，形成完整的文档管理体系，方便以后资料的查询。

（三）当好馆长的参谋和助手

图书馆办公室是直接与馆长联系的职能机构，在职责上隶属馆长的直接领导，在日常工作中办公室人员应改变简单传达信息的工作态度，全面发挥馆长的参谋和助手作用。在馆长做出决策之前，要主动提供好的解决方案。在提出有效实施方案后，要积极地落实。平时要注意配合馆长做日常管理工作，帮助馆长解决其他细小问题，让馆长从杂事中脱离出来，集中精力抓好宏观管理。

（四）公关和协调工作

图书馆在正常的运转过程中，各个部门之间常常会出现各种各样的矛盾，需要办公室去协调和解决，以避免矛盾的激化。办公室管理人员不但要熟悉图书馆日常行政管理事务，而且要充分了解其他部门的业务运行情况，随时掌握图书馆的运行规律，这样办公室在全面协调、解决各种矛盾的过程中才能找到重点，最终有效地解决矛盾，使图书馆各部之间和谐共存，将图书馆的整体效益发挥到最大程度。另外，随着图书馆对外开放的程度越来越高，各高校图书馆之间、图书馆与社会之间的联系和协作也不断加强，因此图书馆办公室人员应具有专业的公共关系知识，充分运用各种公关技巧，参与内外的交流合作。

（五）财务与后勤管理

办公室是图书馆的后勤管理部门，它负责图书馆日常运行中的经费使用、物资供应、设备管理和固定资产管理等工作，为其他部门的正常运行提供强有力的后勤保障。在图书馆日常运行经费的管理中，办公室要协助馆长根据实际需求制定有效的经费使用方案，根据实际情况合理使用经费。在物资材料的供应上，图书馆办公室要根据工作要求及时购买相关物资，保证物资的正常供应，并做好物资采购过程中的相关账目，保证账目清晰。在设备设施的维护上，办公室做好日常设备的保养，指导其他部门正确地使用相关设施设备。如发现设备不足的部门要及时申请采购。在固定资产的管理上，办公室要合理规划图书馆的空间使用情况，美化图书馆环境，创造良好的阅读环境。

二、图书馆办公室工作的性质和任务

办公室除与行政机关其他部门一样具有服务、辅助、执行、管理等特征，还有自己鲜明的独有的性质。办公室工作最基本的特征，在于它是一项政治性很强的工作，办公室工作人员在领导者身边工作，并在辅助领导决策等各项工作中发挥重要作用。办公室工作的综合性是区别于其他职能部门的另一基本特征，办公室是协助领导者协调其他各个职能部门的工作，办理涉及全局性的任务或事务，并且协助领导者对各职能部门的工作进行监督和检查。办公室工作的重要，主要体现在它通过各种方式和途径，协助领导者管理全局，保证全局工作的正常运转，而不在于它分管了哪件工作，完成了哪项具体业务。

图书馆办公室工作的基本任务概括地说就是参与政务、管理事务、做好服务，把这些任务归类又可分为日常性工作、综合协调工作、辅助决策工作和领导者临时交办的工作四大类。日常性工作主要包括：公文处理、会议工作、信息处理、机关事务管理、印章管理、文书档案工作、信访工作、机要保密工作、公关工作。这些日常工作，表面看来是收收发发，但它却是办公室的基础工作，处理日常工作的能力，是办公室工作人员的基本功。综合协调工作主要包括：工作任务的协调、管理事务的协调、协调领导机构内部的关系。有时，领导者虽然觉察到这些问题或矛盾，但由于工作繁忙等主观或客观原因而未能及时解决。此时，如办公室工作人员能从中疏通，问题也就能解决了。至于领导者之间因没有及时沟通而出现的问题，只要办公室工作人员及时地向他们提供有关情况，使他们每个人的思想或意见，都为其他领导者所了解，问题也就迎刃而解了。办公室工作一般是通过协商、调解、催办的方式进行协调。辅助决策工作主要包括协助进行调查研究，在掌握情况、收集信息后，提出或协同有关职能部门提出一个或几个决策方案，供领导机关，领导者决策时参考，选择、承担决策事务、协助领导机关实施决策和检查决策的执行情况。领导者临时交办的工作，不分昼夜，也不论节假日，领导者随时都可能交代下来，带有很大的突然性，事先很难估计到，没有什么规律可言的工作。办公室及其工作人员把领导临时交办的工作处理好了，领导者就可以腾出更多的时间，集中更多的精力去总揽全局，考虑本单位的大政方针。

三、图书馆办公室工作的作用

办公室工作性质、任务，决定了它在全局工作中的重要作用：首先是辅助领导决策和处理问题的参谋作用。办公室是领导机构的综合管理机构，对领导决策来说，办公室应是最主要的辅助部门，办公室工作人员应是最得力的助手。其次是沟通上下、协调左右、联结内外的枢纽作用。全局工作能否顺利进行，取决于各个职能部门能否互相沟通、彼此配合，取决于它们的目标是否一致，行动是否统一。办公室的枢纽作用就发挥出来了，领导与各部门之间、部门与部门之间的联系沟通了，关系理顺了，事情也就好办了。再次是协助领导管理信息的耳目作用。领导的决策是否正确无误，指挥系统是否顺畅健全，关键在于信息的传递与反馈是否全面、准确、及时、灵敏与适用。办公室或办公室工作人员为领导者服务，重要的一条是要管理各种信息，为他们的决策及处理其他工作提供依据，并在决策的执行中，将执行情况、成绩、经验及存在问题等及时向领导者反馈。最后是协助领导者管理日常工作的助手作用。办公室为领导者服务，就要充分发挥助手作用，积极、主动地协助他们处理好各种工作或事务。同时贯彻落实各种决策，完成各种任务的检查督促作用。办公室是一个管理部门，理应协助领导机构、领导者对全局工作进行宏观控制。

四、图书馆办公室的管理

（一）解决冲突能力

办公室是一个综合行政部门，面对的工作对象很复杂，既有内部（上级、下级、平级）又有对外（同行、校内、校外），工作中有冲突是必然的，图书馆办公室常见的冲突是在执行本职工作时与各部、室之间发生的矛盾和角色未被认同的被动局面，和与各部、室间的工作任务、职责分工之间发生的冲突。解决冲突的一条主要策略是让冲突双方一起来审视存在的矛盾，找出冲突中需要解决的具体问题，而后找出解决途径。

（二）规范管理

办公室应以"以变应变"的管理理念指导工作，只有使办公室工作进入规范化、程序化、制度化。分工明确，职、权、责统一，营造相互尊重，相互信任，有效沟通，创造良好的氛围，才能提高工作效率。现在提倡学习型社会、学习型组织，我们图书馆办公室应成为学习型办公室，不断学习专业知识和科学文化知识，完善自我，不断提升自我发展，博学笃行，与时俱进，以变应变，即所谓适者生存。

（三）管理的科学化和现代化

图书馆办公室管理需要围绕人性展开，给予其他各部室使命感、成就感，学习和荣誉是这个时代最有价值的激励方式，同时图书馆办公室管理还需科学化和现代化。科学化地体现在规范化、程序化、制度化上。现代化体现在信息处理电脑化、通信设备电子化、公文处理电脑化、打字印刷电脑化。日常性工作繁杂琐碎，如管理不善，极易造成混乱，只有把管理工作抓上去，使每项工作都制度化、规范化，才能做到忙而不乱，有条不紊。

第三节　图书馆的档案管理

一、图书馆档案

（一）档案的概念

档案是国家机构、社会组织和个人在社会活动中形成，保存备查的文字、图像、声音及其他各种形式的原始记录。档案管理主要包括两个方面的内容：一是对档案资源的管理，也称档案实体管理；二是对档案中所包含的信息的管理，称档案信息管理。档案实体管理包括档案的收集、整理、鉴定、保管等内容。

通过档案资源建设来建立科学合理的资源体系，是对管理中各项工作记录的科学合理的管理，同时也是档案现代化管理的基础。

档案信息组织是对档案中包含的信息内容进行揭示、加工和存贮，形成二次文献，便于档案信息的开发和利用，它是为管理工作服务并对促进管理工作的改进提供第一手材料。

（二）图书馆档案

图书馆档案就是指图书馆及其工作人员在各项工作活动中产生并归档保存下来，且具有查考价值的材料。其内容十分丰富，它主要包括文件（上级文件、馆内文件）、规划计划、报告批复、工作人员的基本情况、科研成果记载、年度工作总结、考核评估、业务工作、馆舍情况等，真实地记录了图书馆每一个时期的基本状况，揭示图书馆发展轨迹，所以档案管理是图书馆管理工作的组成部分，也是社会文化的一部分，它为图书馆向更高层次的发展，提供真实可靠的依据。

就图书馆来说，档案管理是管理工作的一部分，又是图书馆各项管理工作的组成部分，如设备管理档案是设备管理的一部分；人事档案是人事管理的一部分；行政管理档案是行政管理的一部分；技术档案是技术设备管理的一部分。档案管理工作包含了信息的输入、存贮、加工、输出这样一个信息传输过程，是一种信息控制系统。因为档案具有原始记录性的特点，所以档案管理具有档案资源积累过程的缓慢性和档案管理活动对档案形成者的依附性及档案管理工作对社会的相对保密性。

二、图书馆档案管理

（一）图书馆档案管理的范围

从图书馆的管理和业务流程来看，档案工作主要包括图书经费档案、财产档案、人事档案、文书档案、文献采购档案、读者档案、借阅档案、文献典藏档案、情报交流档案和课题跟踪档案等。

1. 图书馆的管理档案

图书馆的管理档案有：①图书经费档案，主要是指图书馆经费的来源、数量、增减速度、分配去向等。②财产档案，主要是指图书馆财产的名称、数量、状况、增减与处所等。③人事档案，主要是指图书馆的人员结构、数量、职称、学历、培训与工资等。④文件档案，主要指图书馆内外往来的文件。

2. 图书馆的业务档案

图书馆的业务档案有：①文献采购档案，主要指各类文献采购的名称、数量、价格、渠道等。做好此项工作，可以有效地提高文献采购质量。②读者档案，主要是读者的姓名、职业、年龄、专业、爱好等，特别是一些重点读者档案的建立。这样，图书馆就可以根据读者的特点和需求，提供有针对性的服务。③借阅档案，主要指文献的借阅种类、借阅数量、借阅时间、读者结构等。做好此项工作，可以了解读者的阅读倾向、各类文献的利用率和配置比例等，从而更好地满足读者的需求。④文献典藏档案，主要指各类文献的名称、数量、收藏处所、剔除情况等。⑤情报交流档案，主要指情报交换单位、情报交换种类和数量等。建立此种档案，可以建立稳定的馆际的情报交换关系，弥补文献的不足。⑥课题跟踪档案，主要指研究课题名称、内容进展、文献情报需求、课题前沿动态和情报分析报告等。建立此类档案，主要是对重要研究课题进行跟踪，以便更好地为研究人员提供情报服务。

（二）图书馆档案的分级管理

图书馆分三级档案管理体系。第一级管理：一个单位工作情况开展得如何，与单位领导的重视程度有直接关系。馆领导的重视是档案工作得以顺利开展的根本保障。因此，馆领导应亲自主抓并参与档案体系的建设工作，不仅要随时提供领导级档案材料，更要在人力、物力、财力方面给予档案工作大力支持和帮助。第二级管理：由专职档案员负责全馆档案的管理工作。它继承了传统档案管理模式，即办公室文书模式，但不同的是档案员是专职负责全馆档案的收集、整理、归档工作。他向上直接对馆长负责，执行馆长决策，向下对基层档案员布置工作，听取基层意见和建议，将馆长决策及时传达，将基层意见及时反馈。第三级管理：由于图书馆工作的特殊性，决定了档案工作并非办公室一个部门力所能及的，图书馆各部门有其相对独立的业务范围、工作活动，这就要求各部门分设自己独立的兼职档案管理员，同时图书馆工会、共青团组织、党支部也作为基层档案归档部门，向专职档案员负责，及时准确地提交归档材料，如此形成了档案管理体系的最基层管理。出于工作便利考虑，第三级兼职档案员通常是由各部室主任、工会主席、共青团书记、党支部书记担当，负责本业务范围内档案材料的整理上报工作。图书馆三级档案管理体系的创建是图书馆档案建设的前提和基础。

第四节　图书馆的规章制度

图书馆组织机构的有效运转，有赖于图书馆规章制度的维系。图书馆规章制度是合理组织图书馆工作，充分发挥图书馆职能的保证，它是图书馆实行有效而科学的管理的依据和准绳。因此，制定健全、完善的规章制度是图书馆管理工作的一项重要内容。

一、图书馆规章制度的作用

规章制度是图书馆工作人员和读者都必须共同遵守并具有法规性质的工作条例、章程、规则、细则和办法等。没有规矩，不成方圆。图书馆管理实践证明，要提高图书馆的科学管理水平，必须加强规章制度的建设。一个图书馆工作效益的大小，工作秩序的好坏，都与是否认真建立和严格执行各种规章制度有着直接的关系。其作用主要体现在以下几个方面：

（一）规章制度是依法治馆的重要手段

依法治馆是图书馆管理最基本的指导思想。从根本上说，图书馆管理工作必须依据国家和政府部门颁布的有关法规而行事。若无法可依，则难于管理。如果不从法律上指导图书馆管理工作的方向并提供人、财、物等资源的保障，管理工作必将陷入盲目性和被动境地，而导致一片混乱。由此看来，制定图书馆法规对图书馆建设和管理是必须且必要的。但图书馆法规只能管总的方面，对于具体的图书馆业务、行政工作的管理，还需依据相应的规章制度。

图书馆规章制度以图书馆政策、法规为基础，是图书馆法规、条例的明确规定和实施细则，是对图书馆各种具体的行政、业务工作规范和标准的具体规定，是图书馆政策、法规的具体化。它作为一馆的管理法规而发挥作用，具有较强的法律性质和权威性，是依法治馆的重要手段，是实现有效而科学的管理依据和准绳。规章制度所涉及的人员（包括读者）必须执行有关规定，不得违反，否则将承担某种责任。这是法规强制性的一种体现，能起到监督作用。同时，对于执行者也起着规范作用。它告诉执行者应该怎样做，怎样做才符合要求，这就成为一种规范。它是使管理工作走上统一化、标准化的重要条件之一，是法规严肃性的一种体现。现今，健全、完善的规章制度对于图书馆管理就显得更为必要。

（二）规章制度是图书馆规律和经验的总结

所谓规章制度是指已经为广大图书馆工作者长期工作的实践证明了的，符合或基本符合图书馆事业和图书馆工作规律的经验，经过进一步总结、提高，最后由有关领导部门批准而赋予法律意义的条文。严密的、科学的规章制度体现出人们在实践中积累起来的成功经验，或者可以说，规章制度是经验的法定化、条例化和规范化。人们正是在长期的实践中，根据自己的切身感受加以概括和提炼而形成各种条文，形成各种规章制度的各种具体内容。同时，规章制度的不断修订和完善，也反映出人们对图书馆工作认识的不断深化的过程。

图书馆规章制度是图书馆工作实践经验的概括和总结。它服务于图书馆工作实践，指导图书馆工作按照客观规律进行；同时，还要受图书馆工作实践的检验，需随着图书馆工作的开展和认识的深化，不断修改、完善和提高。人们应当根据客观情况的变化及时地检查规章制度，发现有不合理的，或者有弊病的就应坚决地加以改革。在改革规章制度时，要严格划分合理的制度与不合理的制度、正确的制度与错误的制度。图书馆业务工作有很强的积累性、持续性和连续性，尤其是属于业务操作技术方面的规章制度，更要保持最大限度的稳定性和规格化，应尽量减少和避免不是十分必要的变动。对于必须要改革的规章制度，破了必须要立，最好是先立后破，边立边破，以防青黄不接，难以为继，使工作发生混乱。

（三）规章制度是人们行为和工作秩序的准则

规章制度对图书馆行政、业务工作的标准、规范做了明确的规定。它将图书馆工作的过程、方法和物质保证加以规范化、制度化，使图书馆行政、业务工作有了统一的规范和标准。严密、科学的规章制度应当揭示出图书馆提倡什么、反对什么、约束什么，使图书馆的管理者和使用者都按照规章制度办事，保证工作正常有序地进行，成为图书馆科学管理的准则和依据。

图书馆犹如一部机器，管理则是开动机器，这需要一个操作规则。作为经验的法律化、规范化、制度化的规章制度，就如同一个操作规则。它是消除管理工作中的混乱现象，正确处理图书馆机构的内外关系，发挥群众创造性与积极性，提高服务质量，保证工作顺利进行的重要手段，也是人们共同行动的准则。人们认真遵守这些规定，就能使工作有条不紊地开展起来；如果无章可循，无法可依，工作就很难正常进行，也很难保证一致。比如：图书馆要做好采购工作，就不能不制定采购原则和标准，不能不规定采购的复本数，不能不规定购书的审批权限。如果没有这些规定，采购人员随心所欲地采购书刊，就不能保证采访质量。此外，有了规章制度，还可以培养图书馆工作人员遵守纪律的良好习惯，对增强组织性也是一种锻炼。

二、图书馆规章制度的种类和内容

图书馆规章制度种类繁多、内容广泛，涉及图书馆工作的各个领域，可以从不同角度进行划分。

（一）按规章制度的适用范围划分

1. 适用于整个图书馆行业的规章制度

这类规章制度具有普遍适用性与宏观指导性，一般由国家政府部门（如国务院）制定、发布。如：1950 年 5 月中央人民政府颁发的《禁止珍贵文物图书出口暂行办法》；1957 年 9 月国务院批准的《全国图书协调方案》；1981 年 10 月国务院批转的《图书、档案、资料专业干部业务职称暂行规定》等。

2. 适用于某一系统图书馆的规章制度

这类规章制度一般由国务院各部委在本部门的权限内制定和发布，适用于某一系统图书馆。如：1982 年 12 月文化部颁发的《省（自治区、市）图书馆工作条例》；1987 年 1 月中科院颁布的《中国科学院文献情报工作暂行条例》；1987 年 7 月国家教委颁发的《普通高等学校图书馆规程》；1991 年 8 月由国家教委颁发的《中小学图书馆规程》等。

3. 适用于某一地区图书馆的规章制度

这类规章制度适用于某一具体的图书馆，一般由地方各级人民政府及所属的主管图书馆的机构制定、发布。如 1996 年 11 月上海市人民政府发布的《上海市公共图书馆管理办法》。

4. 适用于某一图书馆的规章制度

这类规章制度适用于某一具体的图书馆，一般由图书馆根据国家的图书馆政策、法规或上级授权自行制定并经上级批准发布。如北京图书馆业务工作规范、北京图书馆第一线工作人员举止和语言规范、华东师范大学图书馆期刊典藏工作细则、贵州省图书馆行政管理制度、南开大学图书馆工作人员考核试行办法等。

（二）按规章制度的内容性质分

1. 图书馆综合性规章制度

主要指图书馆全面的规章制度，包括行政、业务、政治思想等方面的内容，是图书馆进行工作的总纲领。它对图书馆的性质、方针、任务、领导体制、机构设置与分工、文献资源的管理与利用、用户服务、建筑设备、经费、人员管理及馆际协调等问题做全面的规定。

2. 图书馆行政管理制度

图书馆行政管理制度主要包括：①图书馆组织管理制度。主要规定图书馆管理机构、业务部门、网络机构的设置原则、部门名称、工作任务、职责范围、隶属关系、处理问题的权限以及人员编制等。②图书馆岗位责任制。主要规定各部门的职责、岗位职责、工作要求、考核和奖励办法等。③图书馆人员管理制度。主要规定图书馆人员管理的基本原则、各类人员的选择聘用、教育、考核、提升与奖惩制度等。④图书馆业务技术职称评审聘用制度。主要规定根据有关业务技术职称评审和聘用的法规，结合具体情况，规定业务技术职称考核方法、评审机构的组成、评审程序与聘用办法等。⑤图书馆建筑与物资设备的管理与使用制度。主要规定图书馆馆舍、职工住宅的分配使用、维修的原则与办法；图书馆物资设备的购置、保管、维修、使用的原则与办法等。⑥图书馆经费的管理与使用制度。主要规定图书馆经费管理与使用的原则、筹措经费的方法、经费控制的方法、各类经费（文献资料购置费、工资福利费、设备费、行政费）的比例、经费分配与使用的批准权限、审核制度等。⑦图书馆行政管理制度。主要规定图书馆计划、总结、会议、工作、学习、休假、考勤、文书档案、劳动保护、计划生育、后勤管理等制度。⑧图书馆安全保卫制度。在保证图书馆开放、方便读者的原则下，制定图书馆防火、防盗、门卫、夜间与节假日值班巡视制度。⑨图书馆统计制度。主要规定图书馆的统计范围、原始数据与资料收集积累、统计报表、统计单位、统计方法及统计人员的职权和责任等制度。

3. 图书馆业务管理规章制度

图书馆业务管理规章制度主要包括：一是图书馆业务技术标准。主要有文献入藏标准、登记标准、编目标准、目录组织标准、读者服务标准以及数据库建设标准等，它是图书馆工作人员业务活动的行动准则。二是业务技术规程。业务技术规程是图书馆为执行技术标准，保证图书馆工作有秩序地进行，提高工作效率，保证质量，为图书馆业务人员的工作所做的具体规定。如对文献采访流程、文献流通流程、参考咨询流程的环节和技术操作要求等做出规定。三是图书馆业务管理规章制度。具体内容为：①文献资料的入藏制度。主要规定入藏原则，采购标准，订购、征集、交换的方式，验收和登记方法，以及采访人员的职责与要求。②文献资料的分类规则。主要规定图书分类法的使用规则、分类的程序与方法、分类的质量要求、分类人员的职责等。③文献资料编目规则。主要规定采用的著录条例、使用统一著录条例的补充规定和说明、编目的程序与方法、编目工作的质量要求、编目人员的职责等。④目录组织规则。主要规定本馆的目录体系与结构、目录的组织方法与管理办法，以及机读目录所采用的标准与格式等。⑤书刊阅览与外借规则。主要规定图书的服务对象、服务范围、书刊资料开放范围、阅览室的设置与管理办法、书刊外借办法、计算机使用与维护办法、借书过期罚款与丢失损坏书刊赔偿办法等。⑥书库管理规则。主要规定保存本书库、基藏书库、辅助书库、特藏书库的划分与管理、主要书刊排架、出入库登记、书刊剔旧、清点、安全防范、藏书的生物化学保护等。

第四章　现代图书馆读者服务研究

读者服务是图书馆的第一线工作，直接面对大众。读者服务工作的好坏，直接关系着广大读者利用图书馆的程度。因此可以说，读者服务工作是图书馆联系读者的桥梁。

第一节　现代图书馆文献流通服务

文献流通服务质量的高低不仅关系到馆藏文献资源的开发和利用，而且直接关系到图书馆在读者心目中的形象。馆员要利用自己热情、耐心、细致的服务，为读者服务做到"书有其人、人有其书、为人找书、为书找人"，节省读者时间。同时，做好导读工作，了解读者的阅读倾向，及时向读者推荐他们喜闻乐见的图书，这样就增进了流通部工作人员与读者的相互沟通和了解，从而使流通部工作人员与读者之间建立起一座相互理解、相互信任、相互谅解的桥梁，真正做到让读者"高兴而来，满意而归"。

一、图书馆的外借阅览服务

外借和阅览是图书馆服务中最基本、最传统的服务。有人认为，现代图书馆的服务重点是信息咨询和对信息的深层次开发，外借和阅览不是图书馆的主要服务项目。但实际上，社会上的大多数公众正是通过这种方式利用图书馆的，图书馆也正是通过这种方式对公众的信息需求提供支持的。在传统图书馆中，一本新书从进馆到上架，要经过查重、分类、编目、上架等多道工序，耽误了大量时间，新书与读者见面已经是好几个月之后的事了，大大降低了知识信息的时效性。而在现代图书馆中，采编合一，有关图书的到馆、查重、分类、编目等各种信息可以通过馆内的管理信息系统快速传递和查询，让新书快速上架，与读者见面，能够节省大量时间。

现代图书馆必须通过利用各种技术手段、现代管理制度，向读者开放全部馆藏，实行全开架管理。图书馆中的书是为了用的，而不是为了藏的，这一观点早在阮冈纳赞的"图书馆学五原则"中就已提出。可是，还是有很多图书馆，为了保存及工作方便，对读者利用图书馆进行了种种限制。

印度图书馆学家阮冈纳赞发表了著名的《图书馆学五原则》，这五项原则从表面上看很通俗，但实际上很深刻，它从根本上阐明了图书馆应该为之努力的目标。图书馆学五原则分别是：书是为了用的、每个读者有其书、每本书有其读者、节省读者的时间、图书馆是一个生长着的有机体，这五原则直到现在对图书馆的工作仍有着广泛的指导意义。

外借服务是图书馆传统的、常用的服务方式，它满足读者将书借出馆外自由阅读，独自使用的需要。

（一）外借服务类型

一是个人外借。二是集体外借，为群体读者服务。三是馆际互借，是为了满足读者阅读需要，帮助读者从其他图书馆借阅文献的一种方法。四是预约借书，对某些一时供不应求的图书，采取预约登记办法外借。五是邮寄借书，通过邮政通信手段，将读者所需文献邮寄给读者。六是馆外流通借书，通过馆外流通站、流动服务书车等手段为读者开展借阅活动。这些办法各有所长，可根据具体情况，选择使用。

（二）外借服务方式

一是闭架外借。读者先写索书条，通过工作人员提取，并办理外借手续，读者不能进入书库随意挑选。二是开架外借，读者进入书库，自行挑选，办理手续后，即可将书携出馆外，自由阅读。三是半开架外借，将部分图书放置在特定的位置，读者可以看到书的封面，供读者指认、选择。

（三）外借服务管理

一是外借处的设置。对于馆藏文献数量、类型不多，读者也不很多的图书馆，可以仅设立综合外借处。但是，如果是大型图书馆，既可以设立综合外借处，也可以分别设立专门的外借处。二是建立一套完善的外借服务工作制度。规定有关读者登记、外借证的发放原则和方法，制定外借手续和步骤、外借书刊期限，污损、丢失书刊赔偿办法等有关规章制度。三是借书证的办理，包括个人借书证、集体借书证、馆际互借证。其中馆际互借是一个地区或几个地区、一个系统或几个系统开展的馆与馆之间互通有无的图书互借方式。这种办法既方便了读者，又充分发挥了馆藏的作用。

（四）阅览服务方式

1. 闭架阅览方式：读者所需文献由工作人员代取，不能携带出室外；
2. 开架阅览方式：读者自由挑选图书；
3. 半开架阅览方式：图书馆利用陈列展览方式，将部分流通量大或比较珍贵的文献放置在特制的可视书架上，读者指出所需图书，由工作人员提取。这种方式既方便读者，也有利于对书刊资料的管理。

二、视听服务

视听服务是图书馆利用视听文献和相关技术为读者提供文献流通服务的方式。视听文献，系指以磁性、光学材料为存储介质，通过专用设备视听其内容的像带、激光视盘、电影和幻灯片等。无论是国内还是国外，许多图书馆都把视听文献列为收藏对象，并开展各种形式的视听服务活动。视听文献主要有唱片、幻灯片、录音带、录像带、影碟、磁盘、激光视盘、激光唱盘及缩微胶卷等，它容量大、成本低、占地小，便于存储，易于检索，集文、声、图、像于一体，形象生动，受到读者喜爱。

三、复制服务

复制服务是以复制文献为手段，为读者提供服务的一种新的技术性服务方法。它是传统的"外借服务""阅览服务"的延伸和发展，也是图书馆为读者获取文献所提供的一条新的服务途径。

复制服务包括缩微复制法、静电复印法、电脑复制法（电脑拷贝法）。通过复制服务，读者花少许经费，就可将有些文献"据为己有"，大大方便了读者，节省了时间，是一种有效的服务手段。随着现代科学技术的发展，复制方法越来越多。

四、现代图书馆文献信息服务的自动化

现代图书馆信息技术应用的最终目的是为读者服务，主要体现在"服务"上。因此，当图书馆基础业务的自动化实现之后，要及时地、不失时机地尽快转入面向读者的文献信息服务的自动化。

文献信息服务自动化工作主要体现在以下五个方面：

（一）建立联机公共查询目录

OPAC 原意是指"开放的公共查询目录"，全称是 Open Public Access Catalogue，随着技术的发展而演变为"联机公共查询目录"。

根据图书的特性，在网上查找书目也有着不同的方式。其中最普及的查找方式有：书名检索、作者检索、ISBN 检索、年份检索、出版社检索。还有一些不常用，但十分重要的检索方法，如分类法检索、导出词检索、丛书检索、套书检索等，都可以在 OPAC 数据库里进行检索。

OPAC 的正确使用：如果读者在查找单书的同时能够给出相对多的检索项目，那么出现的检索项就少，找到所需书的概率也就更大。如果读者要查找一大类的书，比如有读者想了解中国的历史。这就只要在 OPAC 的自由查找栏中键入"中国"和"历史"，这样所需的书目才能以最小的范围量出现。如果读者只在一栏中键入"中国历史"，那么有关"中

国"和"历史"项目都会出现，比如，中国经济、中国文化、美国历史等和读者期待不相关的内容也会出现。还有一种简便的检索方法：分类法检索，读者可以通过所在图书馆的分类法直接找到"中国历史"这一项，再用相应的图书馆书籍编号去查阅具体的书籍。

（二）开展联合目录数据库服务

联合目录通常由若干文献收藏单位合作编制。事先须制定统一的著录项目和标准，明确收录范围。一般以一个或若干个收藏丰富的图书馆馆藏为基础，负责提供目录草稿，其他有关图书馆对此进行核对和补充，注明收藏单位，最后由编辑部汇总。采用计算机技术编制联合目录较为方便迅速，若干个图书馆共同建立联机联合目录数据库，除供联机检索外还可生产书本式和机读式的联合目录。

联合目录所涉及图书馆的范围有多大，资源共享的范围就有多大。

（三）馆际互借

对于本馆没有的文献，在本馆读者需要时，根据馆际互借制度、协议、办法和收费标准，向外馆借入；反之，在外馆向本馆提出馆际互借请求时，亦应借出本馆所拥有的文献，以满足外馆的文献需求。

馆际互借是各图书馆之间本着互助互惠原则，互通有无，互借对方文献，共同利用，彼此分享，以提高读者从整个图书馆系统获取文献的能力，同时也使各图书馆藏书得以充分利用，提高图书馆的效益。馆际互借是国外图书馆资源共享的主要方式。

（四）开展信息查询服务和开展参考咨询工作

其中包括设立多媒体导读系统，开展读者流通信息查询和公众信息查询等。图书馆参考咨询服务工作被国内外专家称为图书馆的"灵魂"与"心脏"，说明参考咨询服务在图书馆中的重要地位和作用。图书馆的参考咨询工作集中体现了现代图书馆的职能和特色，也是图书馆更新发展的关键因素。面向读者开展多种形式的参考咨询服务是图书馆文献信息服务的重要方式，如新书通报、定题情报服务、专题信息的回溯检索等。

第二节　现代图书馆的参考咨询服务

一、MOOC 环境下高校图书馆参考咨询服务

MOOC 是 Massive Open Online Course 的英文缩写，是指"大规模在线开放课程"，是一种在线学习的新模式，其特点主要有：参与课程的人数没有限制，动辄十几万人；只要连接互联网，任何人都可以免费学习在线课程；采用模块化的课程设置，教学内容以微

视频（一般在 10 分钟左右）的方式展示，学习者有更多的学习自主性和灵活性，适合碎片化学习；实现了教学活动的全程参与，基本上形成了注册、听课、课堂测试、完成作业、讨论、考试、结业、发放证书的学习流程。MOOC 自 2012 年在美国顶级名校掀起浪潮，随后席卷全球，成为网络时代人们获取信息和学习知识的一个新途径，也是优质教育资源共享的一种新方式。高校图书馆的主要职责之一就是为教师的教学和学生的学习提供更好的信息和技术服务，理应积极参与到对 MOOC 的支持服务中，MOOC 环境下如何做好高校图书馆的参考咨询服务应该引起关注与思考。

（一）MOOC 环境下高校图书馆参考咨询服务的特点

1. 服务广度——泛在性

MOOC 环境下，用户通过在线观看教学视频、查阅资料的方式进行自主学习，他们希望在任何时间和地点都可以用便携式设备获取所需要的信息资源。这就要求图书馆树立"有需求就有服务"的理念，增强参考咨询服务的主动性，将其融入用户活动中，提供更加泛在性的服务，使用户能够随时随地利用图书馆的服务。

2. 服务方式——多元化

MOOC 环境下，用户通过网络远程访问图书馆的频率增加，对可以实时获得帮助的自助式咨询服务需求更为迫切。伴随着智能手机、平板电脑等新兴电子产品的普及和用户对一些新媒体的喜好，微博咨询、微信咨询、QQ 咨询、移动参考咨询等也应运而生。开展基于 MOOC 平台的视频咨询也会受到用户的欢迎，因为视频演示会更加直观，便于理解，MOOC 环境下，用户地理上的分散性和人数规模使合作参考咨询成为必要。为了让用户更加便利和高效地获取到服务，可成立参考咨询团队或由多个图书馆构建参考咨询联盟，协同为用户提供服务，这样不仅能够满足用户全方位、多学科的信息需求，同时还能够延长服务时间。

3. 服务层次——学科化

高校图书馆参考咨询服务的目标是为教学科研、学科建设服务，既要满足广大师生的一般需求，又要满足一些个性化的深层次需求。学科服务是深化参考咨询服务的一项重要举措，而 MOOC 则为参考咨询服务嵌入课堂、深入学科提供了新的平台。MOOC 环境下，用户需要的可能不仅仅是文献线索，而是能够直接解答用户问题的知识单元或方案。

4. 服务内容——新内涵

MOOC 环境下，参考咨询工作又增添了新内容，参考咨询馆员要熟悉 MOOC 及其相关内容并开展有意义的参考咨询活动。MOOC 是一个面向全世界用户的开放平台。国家科学图书馆馆长张晓林曾说："面对开放获取方式的发展，研究型图书馆应当主动介入、积极引导、创造未来，积极探索开放信息资源的新服务新能力"。一方面，图书馆可以利用其在资源使用方面的优势为教师在 MOOC 平台的教学提供素材，也可以提供资源合理使用和知识产权保护方面的意见和建议；另一方面，可以利用其资源组织与推广方面的优势，让更多的用户了解和使用优秀的 MOOC 课程。另外，MOOC 的运行需要一定的技术支撑，主要涉及设备使用指导、设备故障排除、软件使用问题解决等，比如有的图书馆为用户提供视频制作及剪辑方面的指导。参考咨询馆员需要不断加强学习，了解新技术、利用新技术，从用户的角度出发，评估技术、推介技术，为用户提供更好的技术支持服务。同时，新技术的使用对参考咨询服务创新也有很大的推动作用。

（二）MOOC 环境下高校图书馆参考咨询服务策略

1. 嵌入 MOOC 课程服务师生

高校图书馆应积极参与学校 MOOC 课程的建设，可以以助教的身份跟踪课程，提供嵌入式服务，一方面可以为教师提供教学资料，同时帮助教师在利用 MOOC 平台进行教学时注意版权保护，合理使用资源，同时还可以提供 MOOC 教学相关的软件工具支持；另一方面可以在讨论区发出自己的声音，帮助学生获取相关学习资料，也可以通过对教学过程的互动来分析用户需求，有针对性地主动推送资源。图书馆还可以利用其在数字资源保存方面的经验，提供 MOOC 课程资源的长期保存及检索服务，并将其作为学习资源供广大师生重复使用。

2. 为用户使用 MOOC 提供帮助

MOOC 作为一种新型的开放网络学习资源，高校图书馆应该予以足够的重视，让更多的师生了解和利用 MOOC。图书馆可以定期收集整理不同平台上的国内外优秀 MOOC 课程，按学科分类，将开课时间、课程名称、开课学校、授课教师等信息推荐给用户，方便用户查询。一些高校图书馆已经开展了这方面的工作，如中国科学技术大学图书馆在"查找文献"栏目下设置了"查找网络公开课"，整理了国内外网络公开课平台列表。图书馆还可以参考一些 MOOC 导航平台的做法，比如爱课程网的"中国大学 MOOC"（http：//www.courses.cn/imooc/）、果壳网的"MOOC 学院"（http：//mood.guokr.com/）、网易云课堂（http：//study.163.com/）等，提供 MOOC 课程的索引、评价、推荐等功能。此外，有条件的图书馆可以考虑免费向用户提供学习终端设备的使用，方便用户学习 MOOC 课程，MOOC 时代下，虽然随时随地都可以学习，但图书馆有充足的服务空间。作为 MOOC 学习空间的提供者更容易营造学习氛围，并提供现场交流、讨论等"增值服务"以及与之相关的各种参考咨询服务。

3. 利用 MOOC 开展信息素养教育

MOOC 环境下，信息资源越来越多样化和复杂化，需要用户具备较高的信息素养水平。图书馆可以为用户提供信息获取、信息管理等方面的技能培训，既可以现场培训，也可以借助 MOOC 开展在线教学。由于 MOOC 的交互性、开放性、灵活性、互动性，其在信息素养课程教学中具有不可替代的优势。随着国内外大学开设 MOOC 热潮的到来，开设大学生信息素养系列 MOOC 不仅必要，而且已经是大势所趋。国内信息素养教育方面有代表性的 MOOC 有：武汉大学黄如花开设的《信息检索》、中国科学技术大学罗昭锋开设的《文献管理与信息分析》、清华大学林佳开设的《信息素养——学术研究的必修课（通识版）》等。MOOC 强调的是用若干个"微视频"分别展示课程内容中的知识点，单个课程视频时长短，便于分解难点和集中学生的注意力，也便于学生自由安排学习时间，提高了学习效果。MOOC 环境下，对于很多问题的解决用户更倾向于自己通过网络寻找答案，图书馆要建立和维护"常见问题答复"数据库，便于用户直接查询。图书馆可有针对性地将信息素养教育小视频嵌入到其他学科的 MOOC 课程，方便特定用户学习；也可开发与一些课程及学科相关的学科信息素养教育小视频，提高相关学习者的学科信息素养；还可以借助一些名校名师的 MOOC 课程开展信息素养教育，尝试翻转课堂教学，让教师能有更多的时间与学生讨论，引导学生积极思考、主动学习。

4. 提高参考咨询馆员的素质

参考咨询馆员不仅应有强烈的信息意识和较高的信息处理能力，还应具备较高的综合素质，善于与用户交流，熟悉图书馆馆资源情况，熟练掌握各种参考信息源，特别是网上参考信息源的使用方法，具备良好的网络技术和计算机操作能力。MOOC 的出现给参考咨询馆员提出了更多的要求，如为特定学科提供深层次、个性化的咨询服务。学科馆员具有一定的学科基础，是 MOOC 环境下实施参考咨询服务的主力军。图书馆应鼓励参考咨询馆员特别是学科馆员不断深入学习，提高对可用信息资源的整体把握能力。参考咨询馆员也可将 MOOC 作为继续教育的重要手段，选修相关 MOOC 课程，并在学习中融入课堂，了解服务对象的需求，这样工作起来会更加得心应手。

5. 优化参考信息源

参考信息源是从事参考咨询服务的基础和保障，卓有成效的参考咨询服务必须依赖高质量的信息源。MOOC 环境下的参考信息源突破了传统的"馆藏"概念，向包括网络信息资源在内的全球性数字化信息资源发展，并呈现多样化的态势，除了传统文献类型外，电子版、视听版、网络版文献等都成为解答咨询的重要信息源。参考咨询馆员要熟悉和掌握参考信息源的使用，同时要协助图书馆参考信息源的建设。高校图书馆要了解学校的学科建设动向，围绕学校的教学科研工作进行学科资源建设，注重提高馆藏资源质量，突出学校学科特色，同时加强馆际合作，促进馆际优势自补。图书馆应积极参与学校的自主MOOC 平台开发，实现资源与平台的顺利衔接，倡导有偿资源的合理使用和开放获取资源的有效开发，做好资源保障和服务工作。值得一提的是，开放获取资源因其免费开放的特点更适合作为教学辅助资料放置于 MOOC 系统中。

6. 开展移动参考咨询服务

MOOC 环境下，用户对图书馆参考咨询服务的泛在化需求变得更加强烈，而移动互联网技术的发展也为此提供了更为广阔的适用环境和技术支持。2015 年 8 月 14 日发布的国内首份中国城市阅读指数研究报告显示，随着手机等阅读介质的兴起，阅读外延明显扩大，手机成为第一阅读途径。移动参考咨询服务是为满足用户通过使用手机、平板电脑等移动终端随时随地都能享受到图书馆参考咨询服务的需求而推出的一种新型参考咨询服务。有条件的图书馆可结合本馆的手机图书馆开展移动参考咨询服务，也可利用手机即时通信工具如微信、QQ、微博、飞信等进行咨询。

MOOC 是一种新兴的教育模式，仍在发展之中。高校图书馆作为一个为教学科研提供教学辅助和信息保障的机构，必须密切关注并主动参与，在 MOOC 环境下发挥自己的服务与教育职能，以提升图书馆的存在价值，延伸图书馆的服务范畴，其参考咨询服务工作也应审视新的变化和应对新的需求，帮助用户解决信息资源利用过程中的各种问题。

二、基于智库理念的图书馆参考咨询服务

从智库本身性质出发，其主要是通过对于政治、文化、经济等方面的内容研究，提供具有参考价值的咨询信息或决策依据，由各个学科领域的专业人士构成的，其中包括了高等院校、企业以及各级政府组织等。而图书馆是知识传播、整合文献资源以及拥有丰富的文献储备和大量参考咨询信息的数据库，同时也是可以利用科学专家资源为不同的用户提供多样化的服务的一种服务平台。随着数字技术应用领域的不断发展，人们对于信息资源的应用也不断地增大，所以对于图书馆的更应通过结合自身的服务模式，与多科专家合作，来不断拓展图书的服务领域。

（一）智库理念的性质与服务方式

首先智库简单点说就是指那些不以盈利为目的的且独立于政府之外的研究型结构，其主要的研究为公共政策，为政府决策提供有力的建议和依据。另外对于智库的理解可以从服务、知识认定以及机构性质等方面进行分析，总结起来可以看作信息多元化发展下，形成的可以提供信息咨询与决策的参考的主要功能。

另外对于智库的服务方式来说主要包括了资料的搜集整理、信息统计分析、定制推送服务等。资料的搜集整理顾名思义便是对于一些信息自己进行搜索、整理，并同时进行归类分析，然后获得有价值的历史资料。通过搜集各方面的资料，智库的研究者可以发现深层次的信息，并为开展专项研究提供参考。同时很多智库根据搜集的数据资料构建了具有特色的专题数据库，并确立了研究目标与范围，这也为其提供高端服务创造了条件。

信息统计分析，是通过对于信息来源的分析，包括了需要对获取信息资料进行统计分析。一般系统分析法和德尔菲法较为常用，主要是通过智库进行各种文献资料的手机，然后对这些资料进行内在联系与具体处理方法进行分析，着就是系统分析法。二德尔菲法是通过与多名专家进行沟通后了解其意见，然后再分析出符合市场发展趋势的结论。

定制推送服务，是为了更好的吸音客户，智库借助于各种信息技术进行检索、利用不同类型的信息付进行智能的筛选出来符合用户需求的一种服务方式。

（二）图书馆咨询服务在智库理念下的构建

随着信息化时代的发展，人们对于信息服务的需求越来越大，虽然图书馆拥有者大量的书刊、报纸等信息资料，但是仅可提供一次两次的服务，远远无法满足人们的需要，随着智库理念的进行，图书馆的转型发展得到了新的发展机遇，构建智库咨询的个性化服务是未来图书馆发展的方向。

1. 首先服务对象的构建

对于图书馆来说没有用户的支持是很难运行下去的，尤其是图书馆的智库系统。对于图书馆的构建对象首先是政府机构，目前政府正在推行决策研究与决策研究制定的外包系统，所以智库系统的图书馆对于政府机构来说可以搜索任何想要得到信息，既方便又实用，对于图书馆来说政府作为有影响力的机构成为自己的服务对象，很大程度上提升了自己的影响力。其次图书馆还可以为企业、公司以及社会的组织团体提供咨询服务，这部分用户对于信息获取的知识面较窄，所以可以利用图书馆丰富的资源信息以及人才优势为这些用户提供信息服务。总之对于图书馆服务对象来说涉及方方面面，为了更好地提供服务，更好地进行智库系统的运转，除了自身系统的完善，还需要更多用户的支持。

2. 信息资源的构建

为了更好运转图书馆智库系统除了需要服务对象的支持，更需要的是本身信息资源的丰富，除了目前已经公开发表的文献信息外，智库图书馆还应具备网络信息资源、灰色文献以及教育资源。其中教育资源和网络信息资源在图书馆信息库中需求量较大，对于企业和组织来说，网站上出现了具有自身特色的知识库以及产品库，里面包括了知识产品以及知识解决方案。对于高校来说教育资源可以搜索到课件资源、教案、题库等，具有很高的参考价值，所以对于图书馆开展智库型服务来说具有极高的利用价值。

3. 对于智库图书馆咨询服务的构建

为了更好地服务与用户，智库图书馆系统，应该针对人员不同开展不同的文献研究，吸收文献中的精华，尤其是对于高质量的文献，可以组织智库人员根据自己专业的特点进行相关报告的撰写，从而建立具有针对性的、应用性的、预测性的咨询服务。图书馆在保证服务质量的同时，对于如何更好进行人文关怀的推送，是客户再进行资料的查阅的同时，系统主动推送最新调研结果，可以更好地留住以及吸引客户。此外为了使智库与服务得以反复的利用，可以做好知识库的建立，尤其是对于一些高层论坛、讲座等信息的发布后做到信息的收集，同时进行研究成果的整理和储存，提高智库图书馆咨询服务的建设更完善，提升社会各界对于智库图书馆的认同。

三、新信息生态环境下的图书馆参考咨询服务

图书馆体系与所处社会环境体系相结合构成了图书馆生态系统。在这样一个生态系统内，图书馆作为一个成长的有机体，其自身结构和功能都在不断进行着自我扬弃和发展；

图书馆所处环境的变化，特别是信息环境的变化，也极大地影响着图书馆的存在方式及其职能的体现。在这样的背景之下，图书馆参考咨询工作也面临着重要的发展抉择，如何在新的图书馆生态体系内，合理利用可资调动的文献、人力和财力资源，顺应新信息环境下图书馆信息服务的新变化，充分发挥参考咨询工作乃至图书馆整体服务效能，已成为一个必须正视并妥善解决的问题。

（一）图书馆信息生态环境的变化

信息生态是信息—人—环境之间关系的总和。新生态图书馆信息环境的发展和变化情况，在这些要素及其关系的变化中得到了充分的体现。

1. 文献信息资源数字化程度提升显著

美国图书馆学家 I.G.Mudge 曾将参考咨询工作的基本要素归结为资源（Material）、精神（Mind）和方法（Method）。这一精辟归纳明确指出了文献信息资源在图书馆参考咨询业务中的重要地位。文献信息资源的配置情况、存在方式和揭示程度在很大程度上决定了咨询结果的准确性和完整性。

对图书馆而言，文献信息资源的质和量在近几十年的时间里都发生了根本性的变化。1971 年 7 月《美国独立宣言》数字化版本制作完成标志着电子书作为一种全新文献载体形式的出现，以"古腾堡计划"为代表，拉开了图书数字化进程的帷幕，公共领域的纸本书转变为数字形式的电子书，内容形式也不再局限于文本，还包括音频和视频等多媒体形式。此后，出版商、数据商和图书馆都先后加入文献信息数字化的潮流当中，并不同程度地推动着这一进程的发展。

尽管数字化文献存在着技术标准不统一、资源垄断性相对较强、缺乏可靠的长期保存方法及虚拟馆藏资源保障稳定性较差等诸多问题，但是已经有越来越多的图书馆倾向于把文献资源建设重点向电子资源倾斜，在缓解自身文献储存和维护等方面压力的同时，为用户提供更为多样和便捷的文献服务形式。

文献资源的数字化极大地改善了信息传播的便捷程度，降低了单位数量文献保存和使用的成本，也延长了相应文献在服务过程中的生命周期，这些变化对于用户能够更为便捷地发现和利用文献信息资源提供了极大便利。但是基于同样的原因，用户在文献信息资源检索过程中，所需信息与大量的冗余信息相互掺杂，信息过载现象又成为人们在当今的信息生态环境中最大的困扰。

2. 媒体与信息素养变化明显

信息素养是一种懂得如何查找、评价和使用信息，有效地解决特定的问题或做出决定的能力。随着社会信息化程度的加深，信息环境的变化迫使人们越来越频繁地应对各种信息处理问题，信息素养也因此成为在现代信息社会中生存和发展的基本要求和能力。这也是社会公众以及为社会公众提供信息咨询服务的参考咨询馆员所共同面对的问题。

早在 2003 年 1 月，美国图书馆协会下属的参考与用户服务协会（RUSA）就颁布了《参考咨询及用户服务馆员的专业能力》报告，报告对参考咨询及用户服务馆员的专业能力分别从信息获取能力、知识储备能力、推广营销能力、服务协作能力以及资源与服务的评估能力等五个维度进行论述，每个维度又细分若干具体细则。这份报告作为对图书馆参考咨询馆员专业素养的培养与评估具有重要参考价值的纲领性文件，其对参考咨询及用户服务馆员专业能力的有关信息素养方面的要求成为最为突出的内容。

随着社会信息化程度的加深，人们逐渐认识到就迅速准确地获取有用信息而言，掌握传递信息的渠道、工具、载体及技术手段的其重要性并不亚于所需信息本身。2014 年 3 月，联合国教科文组织发布了《媒体与信息素养：策略与战略指南》报告，首次将媒体素养与信息素养置于同等地位，并提出了媒体与信息素养这样一个全新的复合概念。这份报告的颁布，不仅充分表达了联合国从国家与地区层面上推进社会公众全球媒体与信息素养发展的战略意图，报告本身也代表了人们对当今社会信息环境变迁认知和研究的最新成果和共识。

3. 面向社会公众的信息服务环境逐渐多元化

伴随着数字化发展进程，以互联网为代表的新的技术手段和工具的应用，极大地改变了图书馆的用户构成和服务方式，使公共信息服务环境发生了深刻的变化。

首先，信息服务去中介化趋势明显。基于历史的原因，图书馆成为汇集、保存并传承人类智慧的重要机构，但是随着文献信息载体冲破实体介质的束缚，更多地以数字化方式存在并服务于公众时，有越来越多的机构凭借其数字化文献收藏而成为文献信息服务机构的新成员。文献信息服务机构多元化的趋势所造成的一个直接后果就是文献信息服务的去中介化愈发明显，越来越多的出版机构和数据库商不满足于通过图书馆这样的中间机构向终端用户推广其服务和产品，而转为直接面向最终用户开放服务。多元化的信息服务机构与服务形式固然为用户提供了更多的文献信息获取渠道，但由于其在信息服务过程中去中介化作用明显，对用户借助专业途径深入挖掘文献内容以及图书馆充分发挥其文献信息服务职能都在一定程度上构成了挑战。

其次，用户体验得到空前重视。随着 Web2.0 这一概念迅速在全球传播，为用户提供个性化、交互式服务成为备受推崇的新的软件功能设计要求，在此背景之下，BBS、博客、miki、微信等多种交互式服务平台环境得到迅速普及，与此同时，如何在 Web2.0 环境下建构用户关系的新模式也成为一个重要的话题。

以人们通常的阅读行为为例，随着电子书的日益普及，硬件商和出版商已经开始利用数据分析方法，确定人们利用电子书在阅读什么内容以及如何进行阅读，通过分享分析数据，出版商可以做出更有吸引力的电子书，硬件商则可着手调整电子书的展现形式，从而为用户带来更好的阅读体验。由此可见，在新信息生态环境之下，软件设计理念的变化以及技术手段的丰富，使信息服务机构在服务过程中，通过动态把握和分析用户信息行为特征，从而采取更为主动和有效的方法，适时调整和完善用户体验不仅成为现实的可能，也成为服务得以稳定开展的必要条件。

再则，信息服务进入全媒体时代，媒体是承载和传递信息的载体。数字化新媒体反映出信息载体的发展和丰富，富媒体作为一种信息传播方法极大地丰富了信息内容的表现形式，自媒体在信息传播过程中带来了革命性的变化，快媒体使信息传播的时效性得到质的提升，跨媒体体现了媒体之间的合作、共生、互动与协调。全媒体则成为人类现在掌握的信息流手段的最大化的集成者，这也是信息环境变迁的一项显著特征。

全媒体时代对图书馆信息服务带来了巨大的改变，有学者将其归纳为文献典藏更多元化，图书馆服务更多样，文献获取更个性，读者学习更便利，服务管理更高效，服务链更广泛，服务布局更均等等等具体特征。这些特点表明，在新信息生态环境下，尽管单一传统媒体的表现形式依然重要并且保有强大的生命力，但其已很难独立地发挥作用，而是在全媒体传播体系中充当了重要的组成部分。对单一传统媒体的整合运用已经成为信息服务的重要方式和手段，信息服务已经进入了多元化时代。

（二）新信息生态环境下图书馆服务变化发展趋势

技术的发展以及由此产生的信息环境的变化，为图书馆信息服务的延续和进一步发展提供了充分的拓展空间和更高层次的平台，但对于图书馆而言，这种变化首先带来的是对自身既有服务模式的巨大冲击，促使图书馆界在信息服务领域发生了深刻变化，这些变化趋势主要体现在以下几个方面。

1. 图书馆信息服务将突破原有内涵和外延的界定，呈现出以信息服务为核心，以与信息服务相关联的图书馆其他业务为辅助的综合性服务特征

早在 2011 年 6 月，大英图书馆与 BiblioLabs 公司合作在 iPad 平台上推出"大英图书馆 19 世纪历史典籍"App 应用程序，世界各地读者只需每月支付 2.99 美元即可阅读到大量从内容到形式都近乎以原始形式展现的历史古籍，该项服务推出后，资源内容和服务规模扩展迅速，并于翌年获得了卓越出版创新奖。

该项目的出现和成功表明，以自媒体及其应用为代表，传统意义上的文献生产、出版和发行等环节，已经从由不同角色分工协作完成而转向三位一体，信息生产者与服务者职责边界的交融，使图书馆信息中介功能受到越来越多的不同类型机构的冲击，原属于图书馆传统服务范畴的服务职能势必在一定程度上被替代，图书馆在社会信息服务体系中的中介功能需要更为丰富的内涵。图书馆需要与上游信息生产者和其他信息传播链条中的角色相结合，这不仅可以强化图书馆应对生存压力挑战的能力，更有助于图书馆在不断变迁的信息环境中寻找新的服务定位。

2. 特色优质文献资源建设仍为图书馆基础业务建设的重心

面对各类信息服务机构并存的现状，单一类型服务机构一统天下已无可能，图书馆跻身各类信息服务机构并能有所发展的一个重要前提就是自身拥有不可取代的特色资源和服务。根据图书馆自身优长和需求，设定重点专题领域进行信息资源内容的深度挖掘和建设是确保图书馆资源与服务特色的根本。

近年来，世界各国图书馆先后颁布阶段性发展规划，如《美国国会图书馆 2016—2020 战略规划》《美国公共数字图书馆 2015—2017 年战略规划》《英国国家图书馆馆藏元数据 2015—2018 年发展战略》《澳大利亚国家图书馆 2015-2019 合作计划》等文件，均从不同侧面对本图书馆馆藏资源阶段性建设内容提出了明确的目标，以期通过这种方式实现差异化发展、培育自身优势和彰显价值所在。

3. 图书馆信息服务伴随着我国社会发展需求，将由传统的图情双轨向图情一体化转变

在国家标准《学科分类与代码（GB/T 13745-2009）》中，图书馆学与情报学是属于同一学科分类下的两个并列的二级学科，在传统的高等教育体系中，两者分属不同专业方向，有着各自的课程体系，在社会分工中，图书馆和情报所也分属不同行政系统，呈现出双轨并行的状态。尽管如此，图书馆学和情报学间有着密切的关联，两者之间在信息检索、信息服务和信息基础理论等方面有着很多交叉，而这些恰好是图书馆参考咨询工作的重要组成部分。

传统图书馆的信息服务，其服务形态大多为图书借还这类基于文献物理载体的介质转移服务，随着社会信息化程度的提高，图书馆信息服务已经从文献提供逐步向内容服务转移，信息服务内容的特定性与专指性已经成为以参考咨询服务为代表的图书馆信息服务的典型特征。图书馆信息服务中介功能的体现，越来越多地反映在将广泛分布在各类文献中的隐性知识加以显性化的服务过程当中。数据管理支持、统计与分析咨询等也开始成为图书馆的常规服务内容，在这样的业务工作环节中，情报学的方法论和工具在图书馆信息服务中的应用变得越来越普遍，图书馆信息服务也逐步向知识服务方向发展，图情一体化趋势日渐明显。

4. 立法与决策服务在今后一个时期内成为图书馆开展参考咨询服务的牵引力和重要内容

我国公共文化事业的发展，促进了传承文明、服务社会的价值取向在越来越多的图书馆得以体现。与之相对应，随着国家立法与决策科学性和民主化的日益提升，作为服务社会的最高形式——面向国家机关的决策咨询服务的探索与实践，近年来在图书馆业界得到了越来越广泛的重视和开展，立法与决策机构对信息服务的需求持续增强，图书馆立法与决策服务规模和服务水平也有着长足的进步，政府主管机构对图书馆开展该项服务也提出了明确要求和具体考核办法，这势必在今后一个时期内，为图书馆参考咨询业务的发展提供新的牵引力和契机。

5. 图书馆信息服务的发展将会更多地呈现出跨越式或者跳跃式发展的趋势

由于历史和自然条件等方面原因，我国图书馆事业发展不平衡，地区性差异巨大，为促进我国文化事业的建设和发展，自 20 世纪初开始，我国在加大文化投入、积极推进图书馆硬件建设的同时，还先后启动了全国文化信息资源共享工程、电子阅览室工程和数图推广工程等一系列数字文化工程，利用先进的信息技术服务手段，跨越数字鸿沟，努力减少因经济发展不平衡而导致的对公民文化生活的影响。这些数字文化工程项目的实施，有

助于帮助经济欠发达地区建立起公共文化服务体系,迅速在网络建设、系统建设、资源建设、人才队伍建设、服务建设和技术标准建设等方面达到一个相对较高的水准,并利用后发优势,结合地区特色,打造图书馆特色服务和产品,实现信息服务发展的跨越式或者跳跃式发展。

6.图书馆营销将成为深化和发展图书馆信息服务的最有效途径

作为公益性机构,图书馆营销主要是通过公关宣传手段,吸引更多社会公众了解并使用图书馆的资源和服务,同时努力争取募集资金和文献资源以充实自身的馆藏和服务能力。作为公共文化服务机构,图书馆在公共领域的知名度和被认可的程度,在很大程度上决定着图书馆存在的合理性和必要性。早在1876年美国伍斯特公共图书馆馆长塞缪尔·格林提出图书馆开展参考工作的理由时,就已经提出应在社区中推广图书馆这样的带有图书馆营销理念的观点,这也从另一个侧面印证了公知度对信息服务的重要意义,特别是在当前社会信息传播高度发达的情况下,如何能够顺应时代发展而不被淘汰,图书馆必须随社会变化而动态把握用户需求变化,调整和完善自身定位,争取更好的资源条件保证自身运转、扩大服务规模并建立良好的社会形象,这其中每一个环节都需要图书馆借助营销的理念和方法来提升效能。

（三）新信息生态环境下参考咨询工作的应对策略

与信息生态环境变化相伴,新技术、新媒体和新方法不断涌现,丰富了图书馆开展参考咨询业务的工作方法、服务工具和技术手段,同时社会公众在获取信息服务和利用文献信息时也拥有了更多的自主性和选择空间。对于图书馆而言,在新的信息生态环境下,如何重新认识和把握参考咨询业务的属性和特征,主动适应用户需求的变化,调整和完善服务策略,以应对信息环境变迁所带来的挑战,是一个必须面对和解决的问题。

从图书馆参考咨询服务产生和发展历程中可以看到,这项服务的一个基本属性就是图书馆为用户提供的个人帮助,参考咨询业务也大多基于这样的认识进行服务设计。图书馆参考咨询服务经历了140余年的发展,业务信息生态环境已经发生了深刻的转变。在参考咨询业务表现形式上,虽然很多服务依然是以图书馆为用户提供个人帮助的形态呈现,但是其业务基础和用户关系都已发生了质的转变。

在业务基础方面,传统参考咨询工作的业务基础主要来自两个方面,即图书馆员对用户及其需求的把握,以及图书馆员对于参考信息源及其检索方法的了解和掌握。这也是长久以来将参考咨询服务定位于图书馆员与用户之间建立的"个人关系"的原因所在。信息技术的快速发展和广泛应用,为图书馆参考咨询业务更好地在新的信息环境下长足发展提供了有力支撑。数据库技术、数字图书馆技术、网络与无线通信技术、大数据采集及分析、人工智能和云服务等技术的应用和普及,不仅使参考咨询服务获得了强有力的业务基础条件支撑,也改变着这项工作的业务组织形态和服务策略。参考咨询业务已经告别了以参考咨询馆员个人业务能力为依托的时代,而将工作重点转向数据挖掘、关联分析和个性化服务等方面,通过强化对参考咨询馆员的业务支持,实现整体业务能力的拓展和提升。

在与用户关系方面，传统参考咨询中参考咨询馆员充分发挥自身业务技能，充当了用户与文献间的中介角色，无论是对于参考咨询馆员还是用户，咨询项目大都属于偶发的零散服务，项目之间缺乏有机连接。随着社会信息化程度的提高，在广泛的信息环境内，人们很自然地会产生对泛在的信息服务的要求，也即用户在有信息需求时可以在自己所处的地方接收信息资源和服务。从参考咨询服务设计角度来看，这就要求图书馆必须建立起新型的用户关系，将自己的服务嵌入用户信息活动的全过程，而不再只是针对用户信息需求的部分阶段提供服务，依据这样服务情形建立起的参考咨询馆员同用户的关系也将不再是中介关系，而是合作与协同关系。

基于上述分析和判断，面对新的信息生态环境，图书馆需要特别关注以下几个方面的问题，以完善参考咨询服务策略，建立起更具效能的服务。

1. 注重资源的整合与揭示

对于图书馆而言，资源整合与揭示并不是一个新课题，但是在信息生态环境下，图书馆资源整合与揭示的着眼点应从文献的最小物理单元转向文献内容本身，也即细化文献揭示的颗粒度，注重文献间关联关系的揭示，致力于将隐形信息显性化，从而为用户提供更具针对性的内容服务。

2. 丰富信息服务的内容与层次

用户的信息需求是全方位、多层次的，无论是最简单的文献提供服务，还是基于复杂计算的内容分析，服务的价值和意义并不因用户需求知识含量的不同而有差异。因此，新的信息生态环境下图书馆的参考咨询服务，应是在巩固既有服务的基础上，努力拓展信息服务的深度和广度，丰富所能提供服务的内容与层次，建立起相对完整的信息服务链和产品链，在满足用户不同层次的信息服务需求的同时，有助于启发和引导读者更为全面地利用图书馆的资源和服务。

3. 强化用户信息行为的数据收集和分析

以用户为核心的服务理念早已为图书馆界所普遍接受，但是如何将这一理念在服务中加以体现，在不同图书馆间却存在着巨大的差异。落实用户核心服务理念，使用户获得最好的服务体验，需要图书馆有能力精准定位不同类型用户群体与图书馆各项服务之间的关联，并结合图书馆环境和条件，制定相应服务策略，有针对性提供服务。在这个过程中，收集用户信息行为数据并加以分析是最为基础的工作环节，通过这项工作，可以准确和动态地把握用户需求及其变化，在最大程度上减少图书馆服务设计的主观性和盲目性。

4. 积极促进服务协作

开展服务协作，可以帮助图书馆在人力资源、馆藏资源和读者服务等领域，最大程度上发挥优势资源的潜能，克服本馆的局限性，分享服务经验、拓展服务能力、提升服务水平，实现资源配置效益的最大化。

5. 完善图书馆评估体系

绩效评估与成效评估是评估工作的两种类型。前者关注图书馆投入、产出与效率的评估，后者则是关注对图书馆服务影响与效果的评估，两者都是图书馆服务质量评价不可缺少的重要组成部分，也都分别建立起了较为完善的理论体系与规范化的测评程序或技术标准。历史上，图书馆评估多侧重于绩效评估，但是绩效评估并不能帮助图书馆准确把握图书馆将自身服务诉求施加于服务对象后的用户感受，而成效评估则采取通过客观指标量化用户服务体验主观感受方式，准确判断图书馆的服务效果。对用户及其信息需求的满足是图书馆信息服务的出发点与归宿，将绩效评估与成效评估相结合，构成相对完善的图书馆服务评估指标体系，对提升用户体验，改进图书馆服务建设都具有重要的现实意义。

第三节　知识服务理论及服务内容创新

一、知识服务的内涵

知识经济社会的迅速发展、社会和用户对知识的迫切需求，都促使图书馆在知识的组织与管理、资源的提供与服务形式与方法等方面进行改革。图书馆传统的信息服务工作受到了严峻的挑战。知识服务的价值在于为用户提供服务的知识含量，用户利用图书馆最关注的是能否从繁杂的知识信息资源中捕获到能解决所面临问题的知识信息。

二、知识服务的宗旨

图书馆知识服务工作应以"用户问题的解决"为服务宗旨。但是网络用户千差万别，要满足每个人的知识需求是不可能的。可以采取服务宗旨分层模式。可将目标分为四层：一是为解决问题提供线索；二是为解决问题提供文献保障；三是为解决问题提供可供选择的程序化知识或过程；四是为解决问题提供方案。根据用户问题的解决程度，判断知识服务的效果，亦可分为四层：没有解决，部分解决，接近解决，完全解决。

三、服务内容的创新

（一）开展网上信息服务

面对网上浩瀚的信息资源，读者要想获取所需的信息并非易事。因此，图书馆要充分发挥文献信息服务中心的作用，对网上的信息资源进行收集、整理、研究、加工，不断拓展和深化图书馆信息服务的功能，努力为读者提供网上信息服务。

（二）开展网络信息导航

随着信息时代的发展，信息环境的变化，读者对于信息的获取更加方便快捷，人们甚至足不出户，只用登录信息图书馆的网站，便可查找到自己想要的信息内容。显然，图书馆这种信息导航的功能在网络时代得到了强化，信息导航作为图书馆的传统优势，也在信息时代继续发挥着自己强大的作用。

图书馆可以在自己的网页上建立网络导航系统，把读者常用的数据库地址或相关的资源预先汇集起来，并对网上有用的信息资源进行分类、加工，引导读者正确上网检索。读者在图书馆网络导航系统的指引下，能够快速找到所需的关于某一专题的网址或数据的集合等信息，也可以从一个网站直接漫游到导航链接的互联网的各个角落。

（三）开展网络教育

图书馆工作者要善于利用网络的优势，积极开展对网络用户的培训与教育工作。通过网络，图书馆可以为用户讲授网络的基础知识，介绍网上信息的鉴别和收集、网络导航器及其搜索引擎的使用方法，并指导用户如何查寻联机目录、如何检索免费的数据库、如何使用电子邮件等。

第四节　读者服务工作对图书馆员的要求

一、要不断增加服务内容

（一）不断提高图书馆网上服务

图书馆主页服务是指图书馆利用网络环境作为技术条件，将自己的信息产品通过在互联网上建立自己的主页，把自己的服务快速地传递给广大用户的一种服务方式。主页要简洁大方，主页上除了介绍本馆简况、服务项目、馆藏书刊目录、光盘资源、网上资源等基本信息外，还要提供各种资源的使用方法以及网络导航等服务，将国内外上网图书馆和热门站点与网页链接起来，并针对本单位的重点专业系统地建立学科导航，帮助用户方便地利用网上丰富的资源。现代通信技术尤其是网络通信技术的应用，使信息传递更加方便快捷，用电子邮件开展远程服务，用户可将信息需求通过电子邮件传给图书馆，图书馆再将找到的信息通过网络反馈给用户。

（二）不断提高网络信息资源检索服务

图书馆要做好网络信息的筛选、组织、整理等工作，尤其要做好网络数据库的导航工作，指导和方便用户利用网络查询文献信息。图书馆专业人员应利用自己的专业特长，在网上搜集与本单位学科专业相近或相关的信息，并按分科分类加以整理，建立指引库，以方便用户查找所需信息，并为用户提供文献检索服务，包括网上定题跟踪、课题查新、专项咨询等服务工作。

（三）加强读者教育工作

在网络环境下，信息用户倾向于自我服务，即用户自己直接上网查找自己想要的信息，而网络信息资源最大的特点是无限、无序，质量参差不齐。在大多数情况下，并不是每一位用户都能知道如何使用网络，或者能很顺利地在网上找到所需信息，因此对用户进行培训成了图书馆信息服务的一项重要内容。培训目的主要是提高用户的网络资源检索和辨别的能力、信息获取及处理的能力，帮助用户在浩瀚如海的信息中搜集、筛选、分析和整合自己所需要的信息。

（四）不断提高图书馆员的素质，信息服务工作对图书馆员提出了更高要求

图书馆是文献信息的收集、存储和传播中心。馆员只有通过管理、开发、加工和传递信息才能使图书馆的文献信息资源在不断被使用中增值。因此，要不断培养自身的信息素养，提高对信息进行深度加工的能力；要不断培养敏锐的捕捉信息的能力，学会用信息眼光，从信息角度去思考问题和开展工作。对信息价值要具有一定的洞察、判断和运用能力，并能运用现代信息技术为广大读者提供高效优质的服务。由于现代信息技术在图书馆的广泛应用，图书馆员要努力学会运用电子计算机技术，使工作自动化；运用光学技术，使文献信息缩微化、光盘化；运用电脑多媒体技术，使图、文、声、像信息一体化；运用现代通信技术，使参考服务网络化及信息传递高速化。

二、现代图书馆员的培训

现代图书馆员的培训，从狭义上讲，是指给新员工和现有员工传授其完成本职工作所必须掌握的基本技能的过程；从广义上讲，它是指图书馆为了履行各项社会职能，实现总体目标，全面开发员工的智力，而对员工开展的基本技能、职业道德、敬业精神等培训的全过程。

（一）基本技能培训

我们正逐步步入信息时代，现代计算机技术、多媒体技术、网络技术等被大量引入图书馆，传统图书馆正逐渐向电子图书馆、信息图书馆、复合图书馆方向转变，图书馆的工作发生了重大变化。一方面，图书馆的传统工作因为有了信息技术的引入而变得更加有效率，如采访工作可以借助于网络搜集最新的出版信息，编目工作可以通过使用统一的机读目录而节省劳动力，检索工作可以利用计算机而避免手工劳动的烦琐；另一方面，图书馆的工作范围日益扩大，如采访工作需要加强对电子书籍、各类型数据库的采购；信息检索范围从传统的纸质文献扩大到了互联网，信息服务的方式也不再局限信息检索和咨询。这一切都要求图书馆对工作人员在数据库的管理能力，网络环境下的信息搜集、处理能力，信息检索工具的生成能力，网络信息的利用能力，以及计算机操作能力等方面加以培训，才能适应新时期图书馆工作的需要。

（二）解决问题能力的培训

对于图书馆的管理人员来说，解决实际问题的能力的培养可能更为重要。在图书馆面临社会上各种信息服务机构挑战的今天，图书馆管理人员的素质对图书馆的发展将起到更重要的作用。因此，对图书馆管理人员加强在管理方面的培训，可以帮助他们提高解决实际问题的能力。

（三）人际交往能力的培训

任何人在工作中都难免与人接触。图书馆作为一个面向大众服务的机构，更应该注重对内部人员的人际交往能力的培养，这样不仅能够减少摩擦，还能促进他们与外界不同部门的联系。

（四）服务态度的培训

随着传统图书馆向信息图书馆的发展，图书馆的一些传统的服务观念也应随之变化，需要向开放观念、用户观念、经济观念、效益观念、资源共享观念转变。尤其是图书馆员应树立自己的"以人为本""读者至上"的服务理念，多进行服务技能、服务态度的培训，这样才能营造一种宽松、和谐、友好、温馨的馆内环境，才能打造图书馆的良好形象，提升自己的服务水平。

第五章　高校图书馆服务创新的必要性

第一节　服务创新是经济技术进步的需要

现代图书馆所处的是知识经济的时期，信息、知识在促进经济和社会发展方面将发挥越来越重要的作用。科学技术正突飞猛进，迅速改变着这个世界。以知识和信息为基础，竞争与合作并存的全球化市场经济正在形成，人类的未来和国家的繁荣比以往任何时候都更加依赖于创造和应用知识的能力和效率，而高校图书馆是聚集知识和信息的宝库，如何充分利用现代技术使其所容纳的各种各样的知识与信息，转化为现实的生产力，是摆在高校图书馆面前的一个重要课题。

一、知识经济的形势要求

（一）知识经济的特征

20 世纪 90 年代，社会发展出现了一个新的趋势，以高科技信息为主导的新型产业的崛起，推动经济领域实现了一场空前的革命，知识不但在这场革命中成为经济的直接推动力，而且谱写了知识经济时代的篇章。

知识经济时代到来前，人类已经历了数千年的农业经济和 200 余年的工业经济发展阶段。近半个世纪以来，计算机、晶体管、集成电路、个人电脑、全球网络、多媒体通讯等相继出现并迅速发展。到 20 世纪 80 年代以后，以信息获取、储存、传输、处理、演示技术和装备以及以信息服务为内容的信息产业迅速崛起，成为发展最迅速、规模最宏大的新兴产业。20 世纪 90 年代以来，世界经济发展又呈现出新的变化：经济和社会的发展越来越依赖于知识的创新和创造性应用，世界经济逐渐呈现出知识经济全球化的态势。可以预测，21 世纪知识经济将逐步占据国际经济的主导地位，科学研究系统在知识经济中将起着知识生产、传播和转移的关键作用，而知识和科技的创新及其应用将成为知识经济时代生产力发展的决定性因素。新技术的革命，尤其是信息技术的发展，已使全球经济的增长方式发生了根本变化。

知识经济是"以知识为基础的经济"的简称。具体地说，就是创新的知识、高新技术（核心是微电子技术）、计算机（多媒体）、网络（互联网）、革新的通信、信息高速公路、全球化的市场和掌握、驾驭这一切的"人"结合在一起，以进行组合要素、组合经济的一种新型生产方式。

专家学者对知识经济的认识在其本质上是相同的，即以智力资源的占有和配置，以科学技术为主导的知识的生产、分配和消费为最重要因素的经济。知识经济在资源配置上以智力资源、无形资产为第一要素，对自然资源通过知识和智力进行科学、合理、综合和集约的配置。可以说，知识经济是由最复杂的结构功能所主导的经济形式，知识经济正日益影响和改变着人们的工作和生活并将使社会发生巨大变革。

（二）知识经济对高校图书馆的影响

中国加入 WTO，标志着我国的社会发展将进一步融入全球经济一体化、信息化的知识经济轨道。党和政府提出'科教兴国"战略的实施，也为发展知识经济奠定基础。中国数字图书馆工程就是在知识的不断创新中应运而生的，它组织与管理知识，推动并参与创新，是知识经济发展的重要产物。特别是 2002 年，在新修订的《普通高等学校图书馆规程》中指出：高等学校图书馆是学校的文献信息中心，是为教学和科学研究服务的学术性机构，是学校信息化和社会信息化的重要基地。后者是原《规程》中没有的，显然这是随着知识经济的形成和发展而导致的修订。

在知识经济时代，知识将被作为最重要的资源得到充分的开发、传播与应用，知识的不断创新成为推动时代发展的根本动力。这将对担任知识信息收集、整理和传递任务的高校图书馆提出更高的要求。改革创新，增强自身发展活力，积极、主动地适应经济社会的发展需要已成为高校图书馆发展的必然趋势。

1. 用户需求日益提高

在知识经济时代，图书馆用户已不满足一般性的内容提供，而是由文献需求向知识、信息需求演变，图书馆的服务内容要打破以原始文献作为第一服务手段的服务，以用户需求为导向进行文献信息的深化，从文献传递地提供式服务向知识、信息资源重组的创新式服务转变。要了解并掌握用户知识、信息需求特点，向用户提供以专题、知识单元为基础的服务，及时对馆藏一次文献进行二、三次文献信息开发与利用，将文献信息进行收集整理，形成专题综述、述评、研究报告等深层次的开发，综合形成新的信息资源，提供的信息是该领域最新、具有前沿 | 生有效知识、信息，以此满足用户日益发展的需要。

2. 市场竞争日趋激烈

在以印刷型文献为主要信息载体的时代，图书馆以其丰富的馆藏和较熟练的文献服务技能两大优势，在社会信息服务体系中占据主导地位。但是，在以信息产业为主导的知识经济时代，信息服务日益社会化、网络化、个性化，图书馆的主导地位日益削弱，甚至其生存也面临着严峻挑战。虽然改革开放后，图书馆也逐步走向社会，面向市场，参与信息服务市场的竞争，但随着社会信息化程度的加深，信息存取和利用更加自由，商业界大量介入以往只能由图书馆和信息中心提供的信息服务，越来越多的个人和企业涉足信息服务业，它们以更具特色的服务吸引着广大用户，与图书情报机构激烈地争夺着用户，使得图书馆成为信息服务市场中众多竞者之一。在激烈的信息服务市场中，面对用户的不断更新的信息需求，图书馆的现有信息服务逐渐失去了其争夺用户、开发市场和持续发展的能力，这就要求图书馆对信息服务系统进行重新定位，深入研究用户的真正需求，以用户为中心开展服务，形成新的服务体系。

3. 事业发展日渐迫切

知识经济时代，知识将取代权利和资本，成为最重要的社会经济资源，而作为拥有丰富知识信息资源的高校图书馆，知识经济的发展无疑是给其带来了新的发展动力、新的机遇和新的发展前景，但同时也带来了新的挑战。随着'知识经济"浪潮的掀起，经济建设要求图书馆利用知识资源为经济建设服务，把知识形态的科学技术和经营管理技术推广到经济建设中去，转化为经济建设的动力。新时期的图书馆事业要想在新的经济环境中保持可持续发展，就必须适应环境的变化，不断地改变和创新，以取得更大的社会效益，同时也从中获得较好的经济效益，以保证图书馆事业的不断发展。因此，市场经济条件下信息服务环境的变化迫使图书馆必须改革和创新。

同时，作为信息集散地的高校图书馆，也肩负着振兴地方经济的任务，因而，要打破传统的服务模式，努力开拓新的服务方式，要面向社会，寻找市场，拓宽服务范围。以经济建设为导向，依托网络平台，立足于创新，探索新的服务方式，开发信息资源。与社会上的信息企业合作，使自身丰富的文献信息资源与企业高素质的信息人才结合起来，创造出一流的信息产品，提供给社会。同时，把高校的科研成果及时介绍到企业中去，使之尽快转化为生产力，为社会服务。这一切都需要高校图书馆服务创新。

二、信息技术的形势要求

（一）信息技术的现状

信息技术是指在信息的产生、获取、存储、传递、处理、显示和使用等方面能够扩展人的信息器官功能的技术。它是随着人类对外部世界的认识和控制能力的不断提高而逐步由低层次向高层次发展的。现代信息技术包括计算机技术、微电子技术、通信技术、自动化技术、光电子技术、光导技术和人工智能技术等。如果说建立在微电子技术及软件技术基础上的计算机是现代社会的"大脑"，那么由程控交换机、大容量光纤、通信卫星及其他现代化通信设施交织而成的覆盖全球的电信网络就是现代社会的'神经系统。"

当前，信息革命的浪潮正以不可阻挡之势席卷全球，现代信息技术的发展更是日新月异。现代信息技术的发展将对社会经济、政治、文化等一切方面产生重大而深远的影响。

1. 快速地更新换代

自 1946 年世界上第一台电子数字计算机问世。半个世纪以来，电子计算机已'繁衍"了五代，即电子管——晶体管——集成电路—大规模集成电路—人工智能计算机。计算机的运算速度有了成千上万倍的提高，个人用的计算机每秒运算几千万次，上亿次的也已出现。比较大型的计算机每秒运算几百亿次，每秒运算上万亿次的计算机在一两年就可投放市场。卫星、光纤等通信技术也迅猛发展，现在通信卫星已发展到第六代，一颗卫星有几十个转发器，可同时提供几万路电话线路或转发几十路电视，光纤传输技术已跨入成熟期，许多国家已建起了以光纤为主体的大容量通信长途干线传输网络。世界信息网络技术发展迅速。

2. 大容量的信息存储

信息系统需要对已加工的可利用的信息进行存储，以便适时向用户提供。近一二十年信息存储技术有了巨大进步，以计算机为例，在 20 世纪 70 年代后期，个人用的计算机的存储水平为 1K、4K、16K，而目前市场上 80G 的硬盘已经很普遍了。200G 的硬盘也已投入市场，存储量有了数十万倍的增长。在缩微存储方面，出现了缩率达 90 ~ 150 倍的激光全息超缩微平片，在一张标准规格 (6×4 英寸) 的平片上，可记录 3000~12000 页资料。据报道，目前已有存储量高达 22.5 万页资料的全息缩微平片。英国大百科全书公司的索引卡，原需要 700 米长的书架存放，现只用两个抽屉即可容纳其全部缩微平片。光存储技术也有了长足的发展，除了只读式的光盘、光带、光卡外，还出现了可供用户写入信息的一次写光盘，可反复擦写的光盘及自动换盘的多光盘系统。光盘的存储量大，信息存取速度快，使用寿命长。

3. 自动化的信息加工处理

信息加工处理中业务操作系统化、数据处理自动化、记录事项规格化、文献缩微复制自动化等得到了广泛的发展和应用。知识数据库与专家系统的出现，使信息情报咨询与检索工作达到了智能化的程度。作为人工智能应用的专家系统已有 100 多种，将日益广泛地运用于医疗诊断、投资分析、贸易管理、科学研究、气象预报、制定财政计划等方面。

4. 数字化的信息传输手段

当信息成为数字化并经由数字网络流通时，大量信息可以被压缩，并以光速进行传输，数字传输的信息品质又比模拟传输的品质要好得多。许多种信息形态能够被结合，被创造，例如多媒体文件。

5. 多媒体技术与信息网的宽带化、综合化、智能化和个人化是未来信息技术发展的主要趋势

随着未来信息技术向着智能化的方向发展，在超媒体的世界里，"软件代理"可以替我们在网络上漫游，它让使用者能够在各个文件之间有效地穿梭寻找，而不需将文件从头到尾看一遍，不再需要浏览器。它本身就是信息的寻找器，它能够收集任何我们可能想要在网络上取得的信息。

以多媒体技术为代表的信息通信产业，将成为 21 世纪最有希望获得发展的产业之一。随着通信技术与计算机技术的进一步融合，信息网将朝着宽带化、智能化、综合化和个人化的方向发展，为人类的信息交流提供极大的方便。

三、信息技术对高校图书馆的影响

飞速发展的数字化、网络化信息技术，给高校图书馆传统服务带来了极大的冲击。网络改变了

传统的信息交流方式，冲破了地域限制，实现了世界范围内的信息共享。伴随着数字化和网络化大潮的推进，作为知识殿堂的高校图书馆正面临着一次全方位的技术革新。信息资源的数字化能够扩展高校图书馆的虚拟馆藏，扩大高校图书馆的服务范围，突破传统的信息传递模式，使信息传递变得更加快捷、便利。因此，高校图书馆进行数字图书馆建设，开展多种形式的服务创新，成为21世纪高校图书馆迎接网络时代的重要战略。

（一）文献资源数字化

传统图书馆的信息资源以文献为主，且多为纸质印刷型文献。随着信息技术的发展，纸质印刷型文献一统信息载体的局面已不复存在。电子信息源的不断出现和增多，涌现出诸如 CD—ROM 出版物、数据库、联机检索信息源、因特网信息源等新型的信息资源，并可以通过计算机终端、网络通信对其进行高速、准确地浏览和检索利用。信息的形式也日渐丰富，不仅有纯文字型信息，还有图像视频型、数值型、软件型等多种信息类型，这些新型的信息资源不仅数量巨大、类型繁多，而且取用方便，它将极大地丰富图书馆的服务内容，成为未来高校图书馆信息资源的主体。

（二）传播载体多样化

传统的信息存储载体一直是以纸张为信息传播的主要载体和媒介。随着多媒体、超媒体计算机技术以及光纤技术的日益成熟，知识的载体已不再是纸张这一单一形式，磁、光介质已大量应用，光盘等电子出版物迅猛激增。除文字载体外，还有语音载体、电磁波载体、缩微载体、声像载体、网络载体，且均可通过现代技术存储或传播。传播载体已由单一的印刷型向多类型、多载体方向发展，人们不必过问所需信息是存储在何种载体上，网络资源的社会性和共享性已初现端倪。

（三）服务手段现代化

传统图书馆的服务手段多以手工操作为主，不仅服务速度慢，效率低，且服务内容受限。读者通常需亲自登门造访，时空制约比较明显，服务质量多受馆员个体的学识和经验的约束，效果不很理想。现代信息技术和网络通信的发展使高校图书馆的服务手段发生了变革，计算机检索、联机数据库检索、网络信息检索等新型文检手段不仅扩大了检索的范围，同时大大提高了检索效率。网上预约、网上借还图书、网上催还图书等流通新业务的开展不必读者亲自来馆。

（四）服务方式多元化

传统的图书馆服务方式比较单一，基本上以被动的馆藏书刊借阅和一对一式的面询为主，服务效果难尽如人意。现代信息技术和网络的发展首先使图书馆的服务空间拓宽了，服务方式也日渐丰富多样，在线参考咨询，如 E-mail 服务、BBS 讨论组、FAQ 实时解答服务等，具有实时性、交互性、能动性、个性化和人工智能化的特点，能提高咨询效果，更大程度地满足读者需求。在国外，有些图书馆还在尝试一种"即时视像咨询服务"，即咨询馆员和远程用户借助视像会议软件、摄影头、话筒等设备，实现实时视像的面对面交流。

（五）服务对象社会化

传统高校图书馆的服务对象明确且相对稳定，多局限于本校师生。网络环境下的高校图书馆事实上已成为整个网络体系的一个节点和组成部分，由于信息存取的开放和自由，凡是与网络连接的用户，都可以不分国家、地域、单位和时间的限制，调阅网上图书馆的信息，网上用户同时成为图书馆的读者，读者面之广、数量之多，远远超过传统图书馆。

当前信息技术的迅速发展不仅使数字化文献资源和网络化信息服务逐渐成为图书馆服务的主流，而且以 e-science，e-learning，e-business 和 e-government 为代表的信息环境正带来新的用户需求、用户行为和用户信息应用机制。同时，以 Open Access 为代表的新型学术信息交流模式、以 Google Scholar/Print 为代表的新型信息服务机制，以及以 Institute Repositories 为代表的机构知识交流与保存平台，都为图书馆服务的发展带来了空前的挑战和前所未有的机遇。面对这种信息环境持续不断的变化，高校图书馆如何充分利用新环境所创造的机遇，如何挖掘服务定位，如何集成利用各方面资源，如何开辟或拓展服务功能和形式，如何建立可持续和有竞争力的服务模式，已成为图书馆领域的领导者共同关心的问题。从而，也使高校图书馆服务创新成为一个必须认真探索、研究的课题。

第二节　服务创新是教育事业发展的内在反映

服务创新是经济技术进步的外在需要，也是教育事业发展的内在反映，是知识经济的形势要求，是信息技术的形势要求，更是创新教育和高校发展的形势要求。图书馆的发展历史表明，只有不断创新，不断变革，才能跟上社会发展的步伐，才能为社会的发展贡献力量。

创新是一个民族进步的灵魂，是一个国家兴旺发达的不竭动力。中国需要发展，需要具有创新能力的人不断创新，而创新人才的培养又需要社会化的创新教育。随着教育投入的不断增加，高等学校的规模不断扩大，高等学校作为跟踪国际学术发展前沿、积极参与国家创新体系建设的教育主阵地，已成为创新型人才培养的基地。高校图书馆作为学校的三大支柱之一，在学校大力开展的创新教育中，以创新教育为契机，以培养创新人才为己任，积极发挥图书馆馆藏资源、环境资源和第二课堂的作用，对推进高校创新教育十分重要。

一、创新教育的形势要求

（一）创新教育的内涵

创新教育就是根据创新理论的原理，通过一系列的制度创新、机构创新、思维创新、管理创新、教学内容和方法手段的创新等，以培养具有创新素质的创新人才为价值取向的教育。创新教育的本质是开发人的创新能力，从本质上说，创新教育是一种反映时代精神的教育思想和教育理念，它在理论和实践上都有着明显的特征。

1. 创新教育是高层次的素质教育

素质教育是创新教育的基础。从教育模式的角度来说，创新教育则是高层次的素质教育，是素质教育的最高体现。因为创新教育所培养的素质是创造素质。创造是人类本质的最高体现。以培养人的创造性为根本宗旨的创新教育，既是人类最高层次的教育，也是当前正在全面实行素质教育的一种最高形态的实践模式。

2. 创新教育是面向社会全体的教育

创新教育不是精英教育，而是面向社会每个个体的教育。创新教育的基本理念认为，创新是人的本质特征，人人都有创新潜能，时时都有创新之机。创新教育必须摈弃创新是精英们的'专利'的观念，树立人人是创新主人的意识，根据个体的不同特点因材施教，使其都具有创新精神和创新能力。

3. 创新教育是注重个性的教育

创新教育并不是用一个固定的模式去批量制造创新主体，而是充分注重个性、尊重差异，承认每个人在价值、才能、情意和行为方式上都是极富个性的个体，依据个体的志趣、特长等加以引导，以提高个体的创新能力。创新教育必须尊重个性，承认差异，赋予每个人自由发展的机会和权利，让他们通过选择，在自己擅长的方向上去发展，以自己独特的理念和优势去超越，去突破，去创新。

4. 创新教育是一种主体性教育

教育对人的发展从而对社会的发展所起作用的大小，基本取决于它在多大程度培养出主体性强的人，以主动适应社会发展的要求。创新教育的本质特征是把个体的地位、潜能、利益、发展置于核心地位，高扬人的主体性，其职能就是最大限度地激发人的积极性、主动｜生和创造性。从这种意义上说，创新教育是一种主体性教育。

5. 创新教育是平等、民主的教育

创新教育在价值观上集中体现了教育的平等性、民主化特点，主张尊重和保护人与人之间存在的必然差异，给予每个人充分发展其自身、激发其内在潜能的平等机会。要求建立平等、民主、和谐的师生关系，形成一种和谐平等的氛围。这种和谐的氛围可以为学生营造一个充满朝气、宽松自由的空间，使他们在没有思想束缚的环境中勇于探索和创新，大胆质疑，充分表现自己，使他们的潜能得到充分发挥和协调运用，使创造力尽可能得到发展和提高。

6. 创新教育是终身教育

人的创新品质是在长期的学习与训练中逐步形成的，不可能通过阶段性的训练就能形成持久的稳定的创新品质。完整的创新教育是从婴幼儿时期开始的，学前教育、小学教育、中学教育、高等教育、继续教育都要全面体现创新教育的思想，这样才能提高所有人的创新能力，也才能够最终使我们的民族富有创新精神。创新能力需要终身培养，创新动机需要终身激励，从这个意义上说，创新教育既是全民教育，也是终身教育。

（二）高校图书馆在创新教育中的作用

教育是培养人才和增强民族创新能力的基础。教育要不断培养大批合格的有中国特色的社会主义的建设者，不断造就大批具有丰富创新能力的高素质人才，不断提高全民族的思想道德素质和科学文化素质。这些素质的养成要求现行的教育空间要扩大，教育内容要拓宽，要从传统应试教育、单一的课堂教学模式向课堂教育、图书馆教育和社会实践教育三方面相结合的素质教育转化。而图书馆教育的表现形式既有有形的，也有无形的，既有物质的，也有精神的，使得高校图书馆在创新教育中具有自身独特的功能与作用。

1. 创新教育的第二课堂

创新教育是一个系统工程，要求在充分知识教育的基础上，进行全方位、多层次、系统化的思维训练、观念调适、方法培养和技能实践，在学生智力水平、学习动机、学习兴趣等各培养目标中重点加强与创新相关的内容，提高他们的创新能力。这就使得无论是教师还是学生，都对作为信息集散地和加工所的高校图书馆的依赖性和期望值都大大地提高。

高校图书馆教育的自由性、可选择性，图书馆信息资源的系统性、完整性和新颖性，以及多媒体技术、网络技术在图书馆教育中的应用，都不断彰显图书馆在高等学校创新教育中的重要地位。高校图书馆通过对文献信息的针对性、系统性、连续性、新颖性的不断研究和完善来为创新教育提供文献保障，成为学生构建合理知识结构的最理想的第二课堂。社会的发展和科技的进步，要求对大学生进行信息素质教育，使他们具有敏锐的观察力，能从大量繁杂的信息中发现有价值的信息，并能依靠掌握的信息技术和信息工具，迅速有效地获取、利用这些信息。因此，开辟第二课堂，帮助大学生学习掌握网络知识以及现代情报检索技能，提高其利用馆藏资源的能力，也是创新教育的迫切要求。

2. 终身教育的最佳场所

以教育为基础，实现劳动者知识化和学习终身化是知识经济发展的必然趋势，也是新世纪创新教育的重要内容。由于知识老化加速，新专业不断涌现以及职业更替频繁，在人的一生中，只靠在校学习，即一次教育不能满足时代发展的需要，终身教育将成为必然趋势，而高校图书馆为终身教育提供了可能和机会。

知识经济时代的高校图书馆已不再是传统意义上的图书馆，它不仅拥有丰富的馆藏，而且拥有经验丰富、高素质的知识信息检索和研究专家，能够辅导和帮助读者学习获取知识信息的方法，使之学会如何在知识信息的汪洋大海中迅速获得自己所需的知识信息；能够解答读者在学习和工作中所遇到的各种疑难问题，使读者接受教育、获取新知识的过程更加便利。此外，逐步走向社会化的高校图书馆，将不再按身份来限制读者利用图书馆，各种类型的读者都能利用图书馆获取自己所需的知识信息，进行必要的即时学习。因此，无论从知识信息的丰富性还是读者获取知识信息、接受教育的方便程度等方面来说，高校图书馆都是实施终身教育的最佳场所。

3. 通才教育的重要基地

通才教育是指建立在拓宽基础知识前提下的专业教育，由此，美国兴起了通才教育运动。其宗旨是：使一个人在职业教育以外得到全面发展，包括他的生活目标的文明化、情感反应的纯净化以及依据时代最优秀的知识理解事物本质的成熟化。一些强调通才教育的国家，其大学教学和科研是通过图书馆进行的，因为这种从图书馆培养出来的人具有极强的学习主动性、创造性。因此，高校图书馆应在崇尚学习的知识经济环境下，充当读者技能培养的重要教育机构，训练和培养他们的获取知识的能力、主动学习的能力、独立研究能力等。事实上，图书馆教育方式具有主动、灵活、多样、可选择等特征，有利于学生独立性、创造性和开拓性的培养，更有助于高等教育的培养目标从专才教育向通才教育的转变，使高校图书馆真正扮演通才教育重要基地的角色。

4. 个性发展的培养中心

大学生在图书馆查找资料、阅览文献、进行自学或在因特网上浏览的时间会远远超过课堂学习的时间，使图书馆成为真正意义上创新教育的第二课堂。如果说课堂是共性教育，那么高校图书馆就是学生个性化教育的重要场所。与课堂学习相比较而言，图书馆学习是一种自由开放的形式，它能让学生根据自己的兴趣和特长，有所选择地进行深造和提高，让学生形成稳定的个性特征，挖掘与发展自身的潜能。高校图书馆个性教育功能的实现，显然有利于创新型人才的培养。

（三）高校图书馆服务创新是创新教育的内在要求

高校图书馆的基本职能是教育职能和信息职能，而国家创新体系所包括的教育创新体系和信息服务创新体系，就必然要求图书馆服务创新。高校图书馆的创新教育作用和功能不可能通过硬性灌输、制度的约束等外部强制力来完成，而是要加强服务创新，不断提升服务能力和服务质量，通过建设优质、丰富的文献资源，创造良好的文化氛围与和谐的学习环境，采用现代科学技术手段，。提供优质、周到的服务，树立不断创新的思想，建设一支高素质的馆员队伍来实现。

1. 要求加强信息资源建设与利用，营造创新的文化氛围

面对"全球信息一体化"的21世纪，高校图书馆信息资源建设与利用必须走出一条创新的路子。要加强信息资源的建设，充分利用图书馆的文献信息资源，并把这些资源转

化为有利于创新教育的有价资源。必须充分利用现代各种新载体、新技术和新手段，调动资源和信息，增加灵活性，增强创新能力，以充分提高馆藏文献信息资源的利用率，提高服务效率和质量，营造一种创新的文化氛围，这是高校图书馆迅速、准确地为学生提供良好服务的基础，有利于更好地开展创新教育。

高校图书馆必须充分发挥自己的信息资源优势，突出图书馆科技信息加工和检索的网络化、现代化地位，将资料检索、书籍阅览、信息存取、学术交流等在图书馆的结构和功能上形成一个有机的整体，使学生置身在这一开放、多元的信息环境中，能够自然地感受到现代社会和未来文明相交汇的充满想象和创造欲望的灵感冲动。同时要通过举办各种学术报告和演讲、座谈等多种形式的学术交流活动，使图书馆成为一个各种学术思想和观点交汇、碰撞的中心，从而为大学生培育创新思想、展示创新才华提供一个丰富多彩的舞台，引导学生进一步去开展相关学术问题的资料检索、学术研究等创新性实践活动，使高校图书馆形成一个激发、引导、催生创新思维和创新灵感的教育环境。

2. 要求拓展服务手段与方式，提高创新教育的水平

高校图书馆要发挥在创新教育中的积极作用，就必须不断改进服务手段和方式，提高创新水平。要适应创新教育对知识信息的需求，高校图书馆的信息服务应设法从文献单元深入到信息单元，通过信息挖掘，向读者提供高技术含量的增值信息服务。一是要尽快完成由封闭式的被动服务模式向主动、快速的开放式服务模式的转变。二是积极稳妥地运用智能辅助化技术与服务系统开拓新的服务项目和服务领域，不断加强技术创新和新技术的应用，深化信息服务的深度和广度。三是建立和健全读者的反馈机制，认真听取读者的要求、建议和批评，热情地解答读者的咨询、质疑，以知识为对象进行加工、整理，使之成为专题的、定向的信息，并提供个性服务即定题服务，同时提供参考咨询和特殊服务。四是积极开展用户教育，引导读者进入网上特定的数据库进行信息检索，充分利用虚拟馆藏信息资源。五是全面开放图书馆信息资源和设备条件，如计算机检索、光盘检索和镜像站等，将文献检索的途径指引工作由学生自己完成，使学生在这个过程中逐渐培养信息意识和信息能力。

3. 要求培养具有创新精神的图书馆员，保证创新教育的实现

英国图书馆专家哈里森说："即使是世界上第一流的图书馆，如果没有能够充分挖掘馆藏优势、效率和训练有素的工作人员，也难以提供广泛有效的读者服务。"造就培养一批观念新、知识新、结构合理、具有较高创新素质的馆员队伍，是实现图书馆创新教育的关键所在。

图书馆员首先要具有创新意识。图书馆员只有思想活跃，善于接受新思想、新事物，善于捕捉新的信息源及发现读者新的信息需求，才能提供及时的创新的信息服务。其次要具有创新精神，勇于开拓进取，勇于探索，不墨守成规，努力提高自己的精神境界与知识水平，以自己的行动带动学生的创新积极性，营造充满活力的创新气氛。再次要具有创新能力，图书馆员不再是传统服务模式中简单的文献保存者与传递者，他们不仅是服务者，还可发展为信息专家、信息管理者、知识管理专家，在工作中应从宏观角度进行调控，严

格控制、协调信息的采集，围绕创新教育组织信息，注重馆藏信息服务和具有个性创造性资源的开发利用，为创新人才积累知识，为自主性学习提供方便之门。

面对知识经济的挑战，高校图书馆只有不断创新，才能跟上时代的步伐，使教育的时间从学校延伸到整个人生，使人们在未来的工作中不断接受新知识，掌握和运用新知识。高校图书馆只有不断创新，才能辅助创新教育实现对求知者的智能教育、通才教育、终身教育和管理教育，使他们能够在知识经济的大潮中学会学习、选择、生存、发展。因此高校图书馆服务创新既是创新教育的必然要求，又是创新教育的延伸。

二、高校发展的形势要求

在此轰轰烈烈的合校、扩招、强校的形势下，为了在激烈的竞争中占有一席之地和拓宽自身的发展空间，众多的高等院校都把做大做强作为自己的目标，而《规程》中要求，高等学校图书馆的工作是学校教学和科学研究工作的重要组成部分，高等学校图书馆的建设和发展应与学校的建设和发展相适应，其水平是学校总体水平的重要标志。在此背景下，作为高等院校办学三大支柱之一的图书馆则必须随之进行变革创新，以适应学校教育教学改革的要求，促进高校的发展。

高校是科学研究的重要基地，与其他科研机构相比，高校的科研水平和科研成果在稳定的基础上不断上升，从市场上获得的科研经费也在不断上升。科技成果转化速度大大加快，高校科技企业蓬勃发展，科学园地不断增多。在这一系列过程中，图书馆起着举足轻重的作用，具体表现为：图书馆提供文献信息服务于科研，图书馆参与科研过程，图书馆独立承担科研项目，同时图书馆在科研成果转化过程中起中介作用，等等。但是，总体说来，图书馆在这些服务和工作中的作用是不够的，不够积极主动，不够开拓创新，不够深层次高质量，不够及时高效，不够社会化和市场化。为了适应高等学校的发展，开创服务科研工作的新局面，解决这些矛盾，图书馆就必须创新。

第三节　服务创新与高校图书馆建设

一、服务创新是图书馆职能的要求

（一）图书馆的职能

职能指人、事物、机构应有的作用、功能。在图书馆的历史发展过程中，图书馆的职能是随着社会及图书馆自身发展规律的变化而发展变化的。我们一般可将其归为两大类，即基本职能和社会职能。

1. 基本职能

《美国百科全书》"图书馆"词条绪论指出："图书馆出现以来，经历了许多世纪，一直担负着三项主要职能：收集、保存和提供资料。图书馆是使书籍及其前身发挥固有潜力的重要工具。"图书馆的基本职能具体说来可以分为三部分：一是对知识、信息的物质载体进行收集、选择、积聚；二是对知识、信息的物质载体进行加工、整理、存贮、控制、转化；三是对知识、信息的物质载体进行传递和提供使用。

2. 社会职能

国际图联在法国里昂召开了图书馆职能的科学讨论会，会议通过的总结一致认为，现代图书馆的社会职能有四种：①保存人类文化遗产；②开展社会教育；③传递科学情报；④开发智力资源。这四种职能基本反映了现代图书馆的实际情况和现代社会对图书馆的实际要求，是不同国家的现代图书馆所具有的共同职能，也是社会要求图书馆承担的共同责任和义务，是社会对图书馆的共同要求。

（二）服务创新是对图书馆职能的拓展

从 19 世纪的封建藏书楼时期，到 20 世纪初的读者服务开创初期，再到 20 世纪 80 年代计算机广泛应用时期，以及今天的网络普及时期，人们时刻感受着图书馆服务的巨大变化，感受着图书馆职能的迅速发展。如果说古代图书馆主要肩负保存人类文化典籍的职能，那么近代图书馆就又增加了社会教育的职能，而现代图书馆又要担负起传递科技信息和开发智力资源的职能。可见，随着知识经济的发展和信息技术的进步，图书馆的物理形态和内容都发生了改变，但图书馆的职能和使命不仅没有弱化，反而得到了强化。图书馆职能的强化促使图书馆进行全方位的创新，而加强服务创新也是对图书馆职能的拓展。

1. 对图书馆收藏职能的拓展

广泛收藏文献以记录人类文化遗产，是图书馆有史以来的最基本的社会职能。在收藏职能的推动下，图书馆形成了庞大的以纸质文献为主的资源体系。现在，馆藏的概念和馆藏的质量发生了根本的变化，它的核心使命是面向社会提供信息咨询服务。这种目的决定了图书馆在收藏内容、获取方式上有别于传统的收藏职能。收藏职能可以说超越了以往"唯藏是瞻"和追求大而全的种种弊端。

图书馆的收藏范围进一步扩大。首先，网络的出现使得电子出版物和网络信息的生产和传播成为现实。而图书馆过去以印刷型纸质文献为主的馆藏资源体系又逐步地成为网络条件下图书馆迈向现代化电子图书馆的一大障碍。因为电子图书馆主要以计算机技术作为主要的技术与服务手段，而电子计算机不能能动、直接地识别和处理纸张化的文献。因此，随着网络信息技术的发展，图书馆的文献收藏将出现物理馆藏和虚拟馆藏并存的局面，并逐步地向以虚拟馆藏为主的馆藏资源体系转变。这不仅仅适应了环境的变化，而且还大大丰富了收藏内容、拓宽了馆藏范围，实现了社会资源的馆藏化。

收藏空间实现了从物理空间到网络空间的超越。馆藏数量的不断增长和物理空间的不断扩大，几乎是所有传统图书馆长期不变的生存和发展模式，但是这种收藏空间的无限膨胀趋势，将在网络化条件下得到有效的控制。其理由主要如下：由于电子文献的高密度存贮的特性，单位空间的收藏体积被高度压缩。在网络化条件下，馆藏概念和馆藏的评价标准发生了根本变化。首先，馆藏的含义扩大了，不仅包括不同的信息格式（如录像带、软磁盘等）和信息类型（如应用软件、书目文档、全文信息等），而且还包括以"虚拟馆藏"形式成为"本馆馆藏"的丰富的网络信息资源。其次，在馆藏质量的评价上，馆藏数量的多少或馆藏规模的大小已不重要，而联机数据库或网络信息的存取质量越来越显得重要，这就促使各个图书馆在对馆藏规模的认识上，不追求无止境的物理空间的扩大，而是追求网络空间的扩展。

图书馆收藏方式趋向于多馆合作。传统图书馆的收藏策略，主要是各个馆都追求大而全、小而全的馆藏资源，形成一个独立的馆藏资源体系。而在网络环境下，由于馆际互借、联机访问、远程登录等资源共享方式能够顺利实现，各个图书馆不可能也不必要追求那种独立完善的实物馆藏体系，而是以网络为依托，联机互访，广泛交换信息，建立并实现较完善的资源共建共享体制。

2. 对图书馆服务职能的拓展

图书馆的服务职能是与生俱来的，传统的读者服务是向读者提供文献。它所处理的对象是文献，从文献中获取信息是读者自己的事情。而在网络化条件下，服务模式实现了从"1—N"到"N—1"，的超越，传统的图书馆的信息传播过程中，文献信息的传播是1点对多人，即一个图书馆同时对无数个读者。这种模式本身就注定图书馆永远也摆脱不了资源保障体系不完善的困境，进而也永远摆脱不了服务效益低下的困扰。而"N—1"模式，指的是多个图书馆或信息资源集散地共同对应一个读者，读者可以通过网络随时随地获得所需信息。在这种模式下读者可以任意选择访问任何一个图书馆或信息源，充分享受共享的便利。

同时，图书馆也由馆内服务向网络服务拓展，以往用户要想获得图书馆的服务，必须亲自到馆并在很大程度上受到地理、经济、时间等诸多条件的制约。这就给很多用户造成了不便。但网络的出现使得这方面的许多问题迎刃而解。首先，网络可以让多个图书馆或信息资源集合互相利用资源共同应对一个用户提供服务，即使图书馆信息得到充分利用，又使读者能及时有效地获取信息资源。其次，网络的出现、E-mail、文件传输等技术在图书馆服务中的应用使得图书馆的服务半径扩大至网络终端的潜在用户。再次，网络的应用还在很大程度上延长了为用户服务的时间，甚至可以将以往的8小时服务转变为全天候24小时服务。最后，由于网络信息包罗万象，图书馆不仅可为用户提供各种文献信息，而且遍及生活各个方面的信息都可以予以筛选后提供。简而言之，网络时代中图书馆的服务已经走出"围墙"，向网络服务拓展。

二、服务创新是高校图书馆建设发展的要求

（一）高校图书馆的变化

随着 21 世纪的到来，人类社会已经步入信息时代。在信息化社会里，人们对获得的文献信息的广度、深度和准确度的要求越来越高。与此相适应的现代化通信网络技术和计算机化管理也越来越深入到高校图书馆，致使图书馆在文献信息存储、管理服务方式上均发生了深刻的变化：①从图书的保管者到服务本位的信息提供者；②从单一媒体到多媒体；③从本馆收藏到无边界图书馆；④从我们到图书馆去到图书馆来到我们中间；⑤从按时提供到及时提供；⑥从馆内处理到外包处理；⑦从区域服务到国际服务。

（二）高校图书馆的现状

随着信息化步伐的加快，高校图书馆的工作理念与工作方式也逐步转变。

首先，高校图书馆工作思想正在发生转换，从"重藏轻用"逐步转向"藏用并举"，从"小而全""大而全"的封闭性管理逐步转向信息化、网络化的开放式管理。

其次，高校图书馆馆藏资源由现实馆藏向现实馆藏与虚拟馆藏并存转移。现实馆藏是本馆馆藏，包括本馆馆藏中未被数字化的以纸为媒介的文献信息以及馆藏中的已数字化的文献信息等。虚拟馆藏则是本馆以外的馆藏，由于虚拟馆藏的巨大信息量，绝大多数高校图书馆都会予以充分利用。

再次，高校图书馆的工作对象已由单一媒体转变为多种媒体，传统的以纸质为媒体的图书馆工作逐步转换为多媒体、超媒体工作。从磁盘、光盘到互联网络，从只读、可写到交互多媒体，集存储丰富而系统、查验便捷而准确于一身的电子文献被图书馆普遍采用。

最后，高校图书馆信息服务的深度正在变化。传统高校图书馆的一个重要职能就是对文献进行整理，提供有序化信息服务。网络环境下，人们生活进一步个性化、多样化，更具专业化和创造性，人们不再满足于这类初级信息提供方式，需要更深层次的信息服务。这种服务是根据用户的问题和问题环境确定用户需求，通过信息分析和重组形成符合用户需求的知识，或者帮助用户找到解决的方案。"以用户为中心"的思想已经得到大多数图书馆的认同。

（三）服务创新是高校图书馆建设的重中之重

1. 服务创新是提高文献资源建设质量的要求

由于各级高校之间管理体制和办学条件的差异，造成图书馆在信息资源建设中存在着许多问题，制约着图书馆事业的发展。一是随着现代技术的发展，文献信息的载体呈现多样性，在给人们带来便利的同时，各种光、电、磁等介质的文献信息媒体也给馆员带来了选择、标引上的困难，影响了读者的充分利用。二是购书经费投入不足，新书补充缓慢，

许多高校扩招后没有按比例呈指数地增加图书经费，生均图书占有率下降。同时，我国加入世界贸易组织后，由于严格执行知识产权的保护法规，订购外刊资料的成本大大增加，加剧了图书馆文献经费的紧张态势。三是图书资料陈旧过时。许多高校图书馆收藏有大量过时、陈旧的或复本极大的图书资料；另外，由于一些新兴学科、技术学科（如计算机学科）的发展日新月异，知识衰老周期大大缩短，相应的图书资料很快失去参考价值。四是高校在合校、扩大招生后，高校的学科门类迅速增加，原来薄弱院校的文献资源建设很难在短期跟上。五是许多院校因合校形成了多校区格局，造成文献资源分散，不便共用共享。六是网络瓶颈。网上有用的科技信息大多须付费使用，影响了用户利用信息的积极性。相当部分的地方与自建校，因办学条件所限，信息网络不甚畅通，不能很好地利用大量的网上资源。

另外，很多院校图书馆馆藏没有形成特色，不利于优势学科专业的培育和发展。特色数据库较少，数据库规范化、标准化程度不高。各馆的数据库建设基本上是封闭式自我生产、自我服务的"小作坊"式发展模式，信息'孤岛'现象较为严重。同时，在建库过程中，由于体制上条块分割，缺乏统一的技术标准和规范，从而导致数据库的应用受到严重限制，共享程度低，以上诸种情况，在不同院校不同程度地存在着，显然与学校的发展壮大不相适应。

2. 服务创新是提升高校图书馆服务能力和水平的要求

受传统的'重藏轻用'思想的影响，"一切为读者""以读者为中心"的思想还没有真正落实到行动上，坐等读者上门。所有的服务基本是以图书馆为中心，可谓是围绕图书馆馆舍展开的，被动服务的现象还屡见不鲜。图书馆满足于书刊的借借还还、取取归归的服务方式。由于机制、经费、人员、设备的限制，服务工作有许多局限性，同时也束缚了服务人员的思想，缺乏主动服务的精神。

浅层次文献型服务，以收藏、加工,保存图书、期刊、资料等纸张为载体的文献信息为主。向读者提供原始文献，文献流通方式是一本图书、一种期刊或一份报纸。其次，为献计献策提供馆藏专题文献，馆藏专题文献又是以一次文献、二次文献的信息单元为主，对文献信息的加工做得很少，需要进行深层次信息处理，提升服务水准。

第四节　服务创新是满足读者需求的当务之急

一、图书馆服务与读者需求的差距

有专家曾指出决定读者满意程度的主要是读者需求与图书馆服务之间的差距，而非实际服务行为本身。高校图书馆在努力提供高品质的服务的同时，应立足于现实，明确读者的满意度是图书馆服务工作追求的核心，也是评判服务质量的最终标准。因此，努力研究读者需求和图书馆所提供服务之间的差距也是非常有必要的。

（一）读者实际需求与管理者对读者需求的理解之间的差距

读者实际需求与馆员对读者需求的理解上的差距是读者需求和图书馆服务之间最根本的差距，若不能正确评估读者的需求，不能从读者利益和需求入手，那么所提供的服务要想满足或超出读者需求是根本不可能的，造成此项差距的根源主要是管理人员与读者缺乏必要的交流与沟通，不能在全面调查读者实际需求和潜在需求的基础上进行信息需求预测和经营决策。细分析可将此差距归因于以下因素：管理人员对读者需求缺乏广泛的调查研究，导致图书馆的服务与读者的实际需求相脱节，与读者的潜在需求相差更远；图书馆一线服务部门与行政决策部门缺乏足够的沟通与交流；多级管理体制使一线服务人员与最高决策者之间的沟通渠道不畅。

（二）服务质量标准与管理者对读者需求的理解之间的差距

读者对图书馆服务的衡量尺度主要体现于服务质量，而服务质量的体现往往既是全方位的，也是具体细微的。倘若组织决策部门制定了错误的服务标准，即制定的服务标准不能精确一致地反映读者的需求，势必导致此项差距的产生。具体原因包括：对服务质量承诺不当，对服务质量标准的可行性理解不足，确保馆员向读者提供始终如一的服务质量技术监督机制欠缺，服务质量标准缺乏与读者期望直接相关的目标等。

（三）服务质量标准与实际服务质量之间的差距

在市场经济社会中，读者来到图书馆，往往习惯于以消费者的角度来看待所提供的服务质量。读者服务质量是为图书馆工作人员为读者进行文献信息服务时使读者满意的程度，因此该差距与图书馆员的个人因素直接相关，如馆员的素质、动机、能力及态度等。图书馆员对自己的岗位职责认识不清，业务知识欠缺，缺乏应有的培训和履行职责的技能和技巧，使馆员难以胜任自己的工作，以及图书馆员头脑中固有的"不可能令所有人满意"的观念是造成此项差距的主要原因。另外，由于管理体制的弊端使馆员缺乏处理各种问题的选择余地和灵活性，使图书馆员有受到管理者冷落的念头，因而影响了其服务动机和态度，也是造成这种差距的重要原因。

（四）图书馆服务与相关的信息交流之间的差距

即实际提供的服务与承诺之间的差距。过度承诺是造成此项差距的重要原因之一，例如集自动化和统一化为一体的联机公共检索目录（OPAC）可为用户带来诸多便利，然而当它超出了图书馆员的调控能力时（尤其是初次使用时），操作上的失败就会阻碍承诺服务的实施；另外，在提供服务时图书馆员与读者之间的信息交流的失误也是造成此项差距的原因，比如图书馆员给读者传达了过于理想和乐观的信息，使读者产生了过高的期望值，反而降低了用户的满意程度。'

二、服务创新是满足读者需求的当务之急

早在20世纪30年代，印度图书馆学家阮冈纳赞就提出了著名的图书馆学五定律，即"书是为了用的，每个读者有其书，每本书有其读者，节约读者时间，图书馆是一个生长着的有机体。"这一论断，从本质上揭示了图书馆工作和发展中的两个核心问题：一是图书馆工作的基本法则——图书馆必须坚持读者第一、服务至上，贯彻全心全意为读者服务的宗旨；二是图书馆发展的重要规律——图书馆必须适应社会的发展和需要，不断审时定位，调整自我。

我们应该认识未来图书馆事业的发展趋势，根据现代读者的新需求，正视目前高校图书馆服务与读者需求之间的差距，从服务理念、服务内容、服务项目、服务方式、服务手段、服务对象、服务人员、服务环境等方面开展服务创新，这样才能顺应读者服务的发展规律，有效地提高读者服务工作的质量和水平。服务创新不是对图书馆传统服务方式的全盘否定，而是在新形势下高校图书馆服务提出的新的更高要求。

（一）服务理念人本化的要求

现代图书馆的服务理念在于以传播和传承人类的知识和文化为己任，继续深化"以人为本"的理念，提供个性化服务，提倡读者至上，服务第一的原则。网络经济的发展要求图书馆从根本上转变以"藏书为本"的思想，树立"以人为本"的全新的服务观念，实现工作重心的转移。将传统图书馆借阅书刊的读者概念，转变为在任何地点需要图书馆提供文献信息服务的用户的定义；将传统的在馆里等待读者来馆的服务方式转变为面向社会、主动提供有针对性、有选择的信息服务方式；由传统物理意义上的图书馆转变为现代化的广泛意义上的社会信息中心，最大限度地满足读者的需求是"以人为本"服务理念的最优体现。

（二）服务内容知识化的要求

随着图书馆读者信息需求意识和要求的不断提高，图书馆的服务的重点也从传统的一般性文献服务向知识服务转变。知识服务不是一般的信息服务，而是带有前导性的一种研究活动，是对信息资源的深层次开发和利用。知识服务的对象往往是决策机构、特殊读者，它以信息的搜寻、组织、分析、重组为基础，提供能够有效支持知识应用和知识创新的服务。因此，知识服务对促进知识的传递、利用和转化具有非常重要的意义。图书馆在满足读者一般性信息需求的同时，还要帮助读者从繁杂的信息资源中捕获他们需要的、对解决实际问题有用的信息内容，并将这些信息分析、加工、组合成为相应的知识解决方案，并进一步将这些知识固化在新科研项目、产品设计或管理机制中，以提高信息服务的知识含量。

（三）服务项目特色化的要求

网络化时代对图书馆馆藏及服务特色的要求将会更为迫切，也使其规模效益得到更大程度的发挥，当然也为其提供了更好的发展条件。网络环境下的文献资源共享将进一步强调各馆的特色馆藏，各馆为了增加自己的吸引力，确立自己在网络上的地位，就需要开发出自己的特色数据库，还要开发网上的特色信息源，以形成自己的特色馆藏。以此为基础，图书馆的读者服务将由一般的常规化服务更多地向特色化服务转移，开展特色化服务，将会更好地满足网络社会读者日益个性化的需求。

（四）服务方式多元化的要求

随着网络化技术在图书馆的广泛应用和社会公众日益增长的文化需求，图书馆必须改变以往单一的馆藏文献的外借和内阅的服务模式，利用现代网络平台提供各种数据库服务，知识库服务以及多种在线和离线信息服务。如信息推送、知识发现、网络呼叫等服务，这些服务方式、方法，具有较强的智能性、实时性、交互性，能够提供个新的个性化服务，这种能够同时提供实体馆藏与虚拟馆藏的模式，极大地在丰富了图书馆服务的内容，强化了图书馆的服务能力，满足了不同读者的需求。

（五）服务手段现代化的要求

在全面实现计算机管理和综合应用文献信息技术的现代化图书馆中，读者服务操作方法和技术手段的变化将体现在读者服务领域的各个方面。一是图书馆的多种光盘数据库、电子出版物、多媒体文献等自身就具备自动化的信息处理能力，可以进行各类有序化、规范化的检索，还可以实现多元检索目标的灵活组配，使读者找到满意的答案。二是图书馆利用现代技术使读者享受到智能化的信息服务。三是图书馆通过网络可以开展电子函件(E-mail)、电子文件传递(FTPO)、联机公共目录查询(OPAC)。上述服务的用户界面友好、操作方便、直观易用。另外，更为先进的复制、缩微、视听等手段也是网络化图书馆读者服务中经常使用的。

（六）服务对象社会化的要求

网络环境下的高校图书馆，其本质是社会的图书馆。图书馆将是一种把电子计算机和通信网络联系起来的图书馆的集合，每个图书馆都是地区、全国乃至全世界信息网络的一个节点，图书馆将不再只是为持证读者或本单位、本系统的读者服务，所有的用户都能在任何时间、任何地点利用计算机检索终端和信息高速公路从网上获取各馆提供的所有文献和信息。读者工作的出发点和落脚点也从本校的读者发展到广阔的社会。服务对象的社会化，使高校图书馆从学校这个小圈子、小社会中走出去，融会到大社会中来，使高校图书馆与社会保持同步发展。

（七）服务人员专业化的要求

网络环境对图书馆员的知识结构提出了新的要求，在信息服务过程中由于知识和技术含量的加大，向智能化方向发展，图书馆员在工作方式、工作效率等方面将发生质的变化。由于信息媒体的多样化和分散化、网络资源的庞大化和复杂化、信息生产的广泛化和无序化，图书馆员将充当知识导航员的角色，通过收集、加工、整理网上信息，使无序的信息资源有序化，并辅导读者进行自助式服务。这就要求每个图书馆员必须加强本专业知识的学习，拥有过硬的基本功，熟练掌握和运用计算机技术，掌握英语甚至几门外语，具备信息获取和研究能力、信息生产和创新能力、公关交际能力和学术科研能力，不断探索、补充、更新知识，达到博学多识、专精博通、触类旁通，以满足读者日益增长的需要。

（八）服务环境人性化的要求

人性化的环境，不仅可以提高读者利用图书馆的兴趣和效率，还能超越其物质实体性而成为精神的、人为的审美世界，成为一种可以对读者施以教化的审美的文化环境。图书馆优美的环境和极具亲和力的氛围不仅能吸引更多的读者利用图书馆的兴趣和效率，而且能对读者起到潜移默化的美育作用。馆内基础设施要突出人性化特点，为读者提供安静、舒适、稳定、亲切的阅读环境，使读者产生一种美的享受，从而达到心理上的愉悦和满足，取得间接的读书效果。

第六章　高校图书馆服务创新的内容与实施

第一节　提升服务理念

理念创新是一切创新活动的前提。理念的创新是一个否定自我、超越自我的过程，理念创新对图书馆的发展来说是十分关键的。图书馆从产生到现在已经历了三千年的历史，在其漫长过程中它始终是作为一个社会公益部门存在的，它以文献信息收集、加工、传递来体现其存在价值，但是，随着网络技术的发展，图书馆不再是人们获取知识信息这一途径，它也将要走向社会，优胜劣汰的生存法则将使图书馆受到冲击和挑战。当代图书馆服务面对新的环境和新的需求，必须树立新的理念。所谓理念，不仅仅是哲学所指理性领域的概念，而且代表着社会成熟的思想与观念。本节所说的服务理念，不完全是从未有过的新概念，而是当前应当特别重视和强调的概念，并作为新图书馆服务的基本观念。图书馆服务理念是不断发展的，在某一特定时期正确的并发挥巨大作用的新理念，到了新的时期，如不符合时代要求也就会成为过时的理念。只有不断淘汰过时的服务理念，才能建立适应新环境的图书馆服务的新理念。

一、以人为本的理念

（一）以人为本，读者第一

"以人为本"的提出是对现代化的一种回应，是对唯科技与商业主流的抗衡，在图书馆学领域是对"技术中心论"的反思。"以人为本"理念的提出，表明图书馆人对服务读者认识的深化，对读者价值和权利的认同，体现了图书馆人对读者人文关怀的感悟。中国图书馆学会年会提出"以人为本，服务创新"的会议主题。其中"以人为本"的"人"包括两层含义，或者说是两种角度，一是读者，一是图书馆馆员。只有对这两类人的关怀落到实处，才能够真正实现图书馆的社会价值，完成图书馆的历史使命与责任。对读者的关怀，是"以人为本"的根本、目的与归宿；对图书馆馆员的关怀，是"以人为本"的基础、保障与动力。

"以人为本"，对内以馆员为本。以人为本，首先是应按照人的本性要求，提高馆员工作和生活质量与馆员的满意度，把馆员的成长与发展等人性化因素作为追求的目标。以培养馆员的能力和激发馆员的潜能为着眼点，把提高馆员素质、规范馆员行为、调动馆员积极性、发挥馆员创造精神放在首要位置。强调通过人性化教育使馆员的知识结构更为合理，通过建立终身教育理念，使馆员不断获取新的知识和技能，提高自主工作能力，并通过各种形式的实践活动，发挥馆员个性，健全馆员人格，使馆员受到自我教育、自律培养和团队文化的熏陶。通过内在的自我激励，使他们产生对工作的责任、兴趣和成就感。只有这样，知识服务才能通过高素质馆员创造出更高质量、更深层次的服务成果。

图书馆必须采用行之有效的人力资源管理方式，制定一系列切实可行的人事管理制度，充分调动图书馆员的创造性和能动性，激励图书馆员用自己的智慧和能力为用户开展知识服务。把具有知识和技术的人才从事务性工作和常规管理工作中解放出来，让他利用自己的知识、技术、能力和智慧进行深层次的知识组织、管理和开发，进而为各类用户提供高效到位的服务。

"以人为本"，对外以读者为本。以读者为本要求图书馆的服务和管理都要围绕用户的需要展开。从开馆时间到馆内布局、从服务态度到服务内容、从服务策划到服务质量的评价，都要谋求用户需要的最大满足。按用户需求提供定制服务，便于再加工、再开发。众所周知，不同的用户群有不同的需求，不同的个人用户，需求也不尽相同。因此，应根据用户的特点提供有针对性的、特色化、个性化的服务，采取不同的服务策略。只有掌握社会与本馆整体用户体系、各层次用户群体、各层次用户个体及其需求的立体多维特点和规律，才能真正地从感性到理性，去认识、了解、熟悉用户，才能依据用户层次需求、特点、规律，去有针对性地、有效地、分层次地开发图书馆资源，分层次进行用户教育，分层次组织用户和开展服务工作。只有这样，才能充分满足各层次群体与个体用户的需要。

（二）人性化服务

图书馆的服务要以人为本，处处把人放在最重要的地位。长期以来，图书馆服务存在的非人性化表现很多：一是不相信读者或用户，很多图书馆设监视器。几乎每个图书馆都有防盗仪，每个阅览室有防盗装置，每本书有防盗磁条，图书馆时时处处在防着读者或用户，这被认为是图书馆的'科学管理'，但从人性化的角度是值得质疑的。二是对读者缺少尊重，从一些图书馆员的语言、图书馆的制度、图书馆的警示语(如"严禁读者进入"、"不准喧哗")可见。三是重物轻人，如某些图书馆装空调首先保证计算机房的机器而不是保证阅览室的读者；图书馆藏书空间不足时首先想到的是加高书架、增大书架的密度，甚至撤掉一些阅览桌椅，损害的是读者的空间和方便。四是对读者不平等，体现在读者的区分、借阅制度、服务质量等问题上。五是对保护读者的隐私考虑不够。

人性化服务是以尊重人、理解人为前提的，充分考虑人的需求，最大限度地给人以"自由空间"的服务。过去强调制度，现在强调人性化。制度是基础，人性化是方向，两者必须结合起来。

中山大学珠海校区图书馆给人印象最深的就是他们的"人性化服务"，馆内外处处充满了人性化的举措。进入大厅有醒目的指示牌、消防通道示意图、馆藏布局图和温馨告示，并设有触摸屏。每层阅览室格局一律大开放，读者不仅不受到压抑，反而觉得豁然开朗。一整面的玻璃墙开阔而通透，一眼就能看到海景，真是美的享受！读者可带书包入阅览室，阅览后的书刊不必放回书架，还备有自助式复印机。阅览室里书架都不高，桌椅也极为考究，书架与阅览桌错落有致，如同人在书海、书为人伴。阅览室还布置有很多鲜花，有长沙发也有围绕柱子的沙发可供读者休闲，图书馆中间的楼梯直通后山的教学楼，犹如知识的通道和风景线。图书馆还对珠海市民开放，每位市民可持有效证件入馆阅览，人馆的读者可感受到图书馆的周到服务。

（三）个性化服务

个性化服务是有创意的新颖的服务。2000 年 12 月，上海图书馆提出"把我的图书馆送入千家万户"的个性化服务的创新理念，引起了全国图书馆界的共鸣。个性化服务是针对特定读者或用户需求的专门服务。每个图书馆都可以推出特别的创意和特别的服务，如图书馆提供的推送服务、"My Library"、"送书服务"、'专家室""小组讨论室"等多种服务方式。个性化服务也是紧密联系本地本馆实际的服务。以爱心伞服务为例，澳门大学图书馆的门口摆了雨伞，供雨天读者借用，读者自觉地用后归还。中山大学备有 600 把标有图书馆字样的雨伞，称为'暖心伞'，放在各馆供读者借用。如今这样的举措在许多馆得到了推广，南开大学图书馆于 2005 年也推出了爱心伞服务。

二、一切为了利用的理念

现代图书馆早已突破了"重藏轻用"的旧理念，但是对于"藏用并重"还是"重用轻藏"以及如何"藏""用"，需要新理念。藏书建设的'存取'(Access)-9"拥有"(Ownership)之争导致了虚拟馆藏的产生与"资源共享＝存取＋拥有 (Source sharing=Access+Ownership)"公式的定论。而在'用'的问题上，一切为了利用，既是服务的根本，也是服务的新理念。与其说"书是为了用的"，不如说"图书馆是为了用的"。图书馆的文献信息资源必须发挥作用，图书馆建筑、图书馆的设备设施也不能闲置。

（一）可检索性 (Accessibility)

首先要让读者知道图书馆有什么，在哪里，能否帮助读者快捷地查到所需要的信息。即使一些书刊资料不在本馆，也要帮助读者找到这些资料。一是注意本馆资料的可检索性。图书馆 OPAC 是否能检索到所有的馆藏信息，是否存在着有文献无 MARC 或有 MARC 无文献的现象 (过去叫有书无卡或有卡无书现象，现在因为一些馆回溯编目未能完成或编目系统与馆藏不对应，也存在与过去类似的问题)，图书馆是否实现了跨库检索、一站式检索，这些都会影响检索效率。二是注意他馆资料的可检索性。图书馆联合目录系统是重要的工具，必须引导读者充分利用这一工具，查寻各图书馆的可用资料。三是注意网上资料的可检索性。图书馆是否有好的网络导航系统，是否引导读者检索到网上好的资料，包括免费的网上资料。任何一个图书馆的馆藏都是有限的，都无法做到也没有必要做到"大而全、小而全"，只能购买必要的最有价值的资料，这些资料要发挥作用，要靠可检索性。当一个图书馆的馆藏不能满足读者需要时，大量的满足不了的需求也要靠可检索性去解决。

（二）可获得性 (Availability)

对图书馆的服务对象来说，不仅仅只需要检索文献信息，更重要的是要获得文献与知识，这通常构成了一个文献获取过程的两个环节，为获得而检索，由检索而获得。可获得性除了通过文献借阅的方式外，电子文献传递是一个新的有价值的重要方式，正在许多图书馆开展起来，即使读者受益，又节约了图书馆的采访经费，还减轻了图书馆的藏书压力。

（三）可用性 (Usable)

可用性是指图书馆给读者提供的资料可以使用并具有使用价值。一个图书馆的特藏，对读者开放，读者可以借或阅，就有了可用性；不对读者开放，就没有可用性。图书馆的检索终端机设备完好，可以上机，就有了可用性；设备坏了不维护，就没有可用性。图书馆的阅览座位，每周开放时间长，可用性强；每周开放时间短，可用性就差。图书馆给读者提供的所有资料都应该是可用的。对电子资源来说，可用性是图书馆服务的一个新的重要指标。能否有效地使用各种资源，既反映了图书馆的馆藏质量，也反映出图书馆的服务水平。例如，图书馆提供的数据库打不开，信息导航的地址经常变化或没有及时更正错误，点击图书馆网页出现空白或"正在建设中"字样，这就不具备可用性，是图书馆的失职。一旦读者发现图书馆的书刊、数据库、网页、阅览设施不能用或利用价值低，就会对图书馆失去信心，就有可能不再来馆。

三、主动服务理念

服务是图书馆工作永恒的主题，也是图书馆的立身之本。服务工作的好坏，服务质量的高低，直接决定着一个馆的办馆水平。近几年来，电子图书馆、网络图书馆、数字图书馆等新概念、新理论层出不穷，信息服务领域正经受着一场全新的变革，传统图书馆正在向数字图书馆、网络图书馆逐步转变。但是，传统图书馆将与数字图书馆和网络图书馆在一个相当长的时期内相互依存，共同发展，从而形成一个多种形式混合存在的新的信息环境。在这种新的环境下，图书馆工作人员首先应该考虑的是如何更好地完成信息服务。其中最重要的就是实现由传统的被动服务向主动服务的转化，由单一的、静态的服务向多元的、动态的服务转化。从被动服务转为主动服务是传统图书馆向现代图书馆转变的重要标志，也是当前图书馆改革的关键所在。

（一）主动宣传图书馆资源

高校图书馆每天都有大量的新书上架，电子阅览室常添置新的学术光盘。如不做好新书陈列、导读工作，读者没有时间也没有精力一架一架地去搜寻新书，即使去搜寻了，也很难在堆积如山的书海里找到新书。如果没有了解新书的主题和意义，不知道对自己有何用处，读者也不会刻意去寻找新书的，只有加强图书宣传的力度，让读者充分了解馆藏动态，才能提高文献利用率。另外，图书馆还应在读者需要大量参考工具书的时候，主动推荐参考工具书目。如在开学时，积极向教师、学生推荐参考工具书，在学生英语过级考试前，主动向学生推荐英语过级辅导书或有参考价值的辅导资料等。

（二）主动开发信息资源

图书馆的信息资源包括文献资源和网络资源两类。文献是图书馆赖以存在的物质基础，没有文献也就没有图书馆。21世纪的文献资源，除印刷型外，还有电子出版物如磁盘、光盘、多媒体等非印刷型文献资源。文献信息资源是图书馆开展各项活动的前提条件，它的收藏就是为了开发利用。即将文献中的知识、信息发掘出来，使图书馆由"知识宝库"变为"知识喷泉"，由被动服务走向主动服务，使文献中的知识得到充分的应用和推广，起到文献增值的作用，从而提高文献信息资源的利用率，活化馆藏。

当前要特别重视网络资源的开发。因特网上拥有无数的信息资源，几乎包括所有的学科领域。在因特网上能得到最新的资料、某个科研的最新动态，能查到最近甚至当天的文献，能早日得到相关信息，对教学、科研人员早出成果、出好成果，对学生学知识、写论文无疑会大有帮助。丰富的网络信息资源虽然为信息服务提供了广泛的资源基础，但由于当前网络信息的组织管理还没有规范化，用户只能获得网上的表层信息，还需要图书馆专门的网络管理人员进行深层次的网络资源开发，以帮助读者利用因特网获取相关的资料，加强文献信息资源和网络资源的开发，可以充分发挥高校图书馆的情报传递职能，以达到"广、快、精、准"的信息服务要求。

（三）主动为教师的科研活动提供信息

高校图书馆是学校的文献信息中心，是为教学科研服务的。科研工作是在前人或别人成就的基础上进行新的探索性工作，它离不开前人的经验结晶。因此，科研人员进行科研时既需要阅读大量与研究课题有关的专业文献资料，也需要阅读大量其他学科的文献资料，还需要尽快掌握这一课题的研究动态。图书馆应主动了解科研人员的信息需求，积极提供科研人员所需要的文献，并从大量文献信息中有目的、有重点地检索、筛选，进行文献信息深加工，做好科研课题的定向服务，并且及时向科研人员提供这一课题的研究动态，以满足科研人员对信息的需求，以收到事半功倍的效果。

（四）赋予传统的主动服务以新的活力

传统的主动服务如定题服务、新书通报服务、剪报服务、中英文期刊目次通告服务、馆际互借服务等，曾经取得过很好效果，但以往多在人工查阅或计算机检索完成后，由图书馆工作人员将信息资料亲自送至或函送至用户手中，或由用户来取，因而造成信息的时滞过长，同时给用户也带来很多不便。在新的信息环境下，借助网络与通讯的优势，就可大大提高服务的质量，更好地满足用户需求。如可将新到馆的中外文期刊目次以电子信息通过校园网及时提供给相关学科的读者。再如，传统的馆际互借范围十分有限，多局限于同一城市几所高校图书馆之间，尚未形成馆际互借的文献传递，异地索取原始文献困难重重。在新信息环境下，可望实现馆际借阅及各种方式的文献传递服务，如网上文件传递、直接下载、电子邮件传递、传真等，大大提高了馆际互借的效率。图书馆可利用自身的优势，主动为读者解决查找和索取一次文献难的问题。

图书馆开展主动服务，既是时代发展的需要，也是图书馆工作者的历史使命，又必将促进图书馆事业的发展。高校图书馆只有树立全心全意为读者服务的思想，想读者之所想，急读者之所急，主动向读者提供情报信息，并以尽快得速度把知识传递到读者手中，才能顺应时代发展的需要，提高信息服务的质量，更好地为学校的教学和科研服务。

四、开放服务的理念

图书馆自诞生之日起，从封闭到局部开放再到全面开放，经历了漫长的渐变过程。当代图书馆的开放服务理念不再局限于图书馆从闭架借阅到半开架借阅再到全开架借阅，而是具有更多的含义。现代意义上的图书馆开放，是一种全面开放，包括资源开放、时间开放、人员开放和馆务公开。开放服务已成为现代图书馆的重要特征。

（一）资源开放

即把图书馆的所有馆藏资源（包括实体馆藏和虚拟馆藏）和设施向读者开放。资源开放的内容及要求有：①所有馆藏全部开放利用；②尽最大努力实施开架借阅；③馆与馆之间相互开放资源，实现资源共享；④馆内所有设施（如书库、展览厅、视听室等）向读者开放；⑤全面揭示馆藏，健全检索体系等等。

（二）时间开放

即最大限度延长读者利用图书馆的时间。自从图书馆打出"365 天天天开放"的招牌后，确实赢得了社会和读者的好感。而比这更重要更具体的是图书馆大门旁清晰标出的开放时间（"LibraryHours"），《读者手册》详细列出每个季度每个阅览室的开放时间表，这在国内外图书馆极为常见。在美国大学，有 40% 的图书馆开放时间达到每周 80 小时以上，25 个馆达到 168 小时。而我国广东高校 80% 的图书馆都在 80 小时以下。我国的国家图书馆和上海图书馆也实行"365 天，天天开馆"。图书馆服务的时间开放要求做到：①节假日和公休日不闭馆，即"图书馆无休息日"；②馆内开展任何公务活动都不影响正常开馆；③保证开馆时间的完整性或连续性，避免中断。

（三）空间开放

即图书馆要把每一扇门打开。除了藏书全部向读者开放外，各个部门、各个设施都应当向读者开放。

（四）人员开放

即图书馆不分国籍、种族、年龄、地位等，向所有人开放。图书馆不仅仅是一个阅读场所，也是人们观光、交谈、休闲、娱乐的场所，是具有综合功能的社会文化中心。图书馆服务在文化层面上具有不可或缺的存在价值，图书馆服务沟通了人与人之间的感情联系，也提供了人们相互交流的场所。大学图书馆和科学图书馆要努力向社会开放。新建的深圳大学城图书馆定位为大学图书馆和科技图书馆，不仅仅为北大、清华、哈工大、南开分校4个校区服务，而且为全市科技人员服务。既扩大了图书馆的功能，又扩大服务范围。"图书馆向社会上所有的人开放"应成为现代图书馆服务的最具吸引力的魅力所在。

（五）馆务公开

即凡是与读者服务有关的决策（如有关制度、规定、做法等）过程及其结果向读者公开。馆务公开既是图书馆决策民主化的需要，也是图书馆服务取信于读者的需要。实行馆务公开要做好几方面工作：①制定馆务公开制度。对需要公开的事项、公开的时间、公开的方式等，做出明确规定，使其制度化。②建立读者参与管理、参与决策的机制。凡是与读者利益攸关的重大事情，都应事先征求读者意见，并在可能的情况下让读者直接参与决策过程。为此应设立'读者监督委员会'之类的非常设机构。③公开读者监督途径。如公开读者监督电话（首先应公开馆长电话），设立读者意见箱，公布领导接待读者日等。④公开接受读者评价。图书馆服务工作的好坏，其主要评价主体应该是读者，'读者是否满意'是衡量图书馆服务工作好坏的主要标准。在组织图书馆评估时，应设有"读者满意程度"指标，并使这一指标在整个评估指标体系中占有足够分量。

第二节　完善服务体制

一、引进竞争机制

目前，在大多数高校图书馆中，"大锅饭"现象还很严重，员工的收入没有与工作业绩挂钩，造成"干多干少都一样"的局面。分配实行以职称为主的工资制度，但在职称评定时，只讲论资排辈，不问能力高低，不讲工做贡献大小，极大地挫伤了员工的工作积极性，阻碍了图书馆事业的发展。

优胜劣汰是自然发展的规律，竞争是社会主义市场经济体制的主要特征。中国的改革开放之所以取得了令世人瞩目的成就，正是由于引进了竞争机制，引进竞争机制，改革人事制度是调动员工积极性、实施高校图书馆各项职能的关键。有的院校搞了竞聘制，他们采用"民主集中，科学定岗，公开招聘，平等竞争，自由流动，双向选择，择优录用"的原则，对每个工作岗位的人员素质、岗位责任定得清清楚楚，让馆员自由选择。一项工作多人选择，采用竞争上岗的办法，能者居上，这种做法给每个员工提供了平等的机会，激发了员工的上进心，同时加大了考核力度，实行计量管理，奖金同工做贡献、工作态度挂钩，采取多种形式的激励措施，充分调动了馆员的工作积极性。

现在，有些高校图书馆存在着分工过细、馆员业务能力单一的弊病。有的人做一项工作一干就是十几年，习惯于凭经验做事，业务水平很难有所突破。通过竞聘上岗，使人才实现合理流动，不仅使馆员可以凭自己的兴趣、特长等优势自主选择工作岗位，有利于发现和培养一专多能的人才，而且有利于人才的脱颖而出和图书馆业务工作的创新。随着人事制度改革的不断深入，内部岗位竞争已成趋势，图书馆员必须增强进取心和竞争意识，不断充实和完善自己，才能做好本职工作。

二、实施激励机制

（一）激励机制的概念

激励是指激发人的行为的心理过程，它的含义是指利用某种外部诱因，调动、激发人的积极性、主动性和创造性，使之朝着期望的目标努力前进，取得成就的过程。根据心理学的研究，人的行为具有目的性，而目的源于动机，动机产生于需要，由需要引起动机，动机支配行为并指向预定的目标。激励正是持续激发人的动机的心理过程。机制可以理解为包含事物发展变化的规律和使其健康发展的制度。激励追求管理活动的人性化，机制则是追求管理活动的制度化。所以激励只有形成机制，才能持续有效地发挥作用。运用到图书馆管理方面的激励理论主要有：

1. 给予型激励理论

该理论又称为需求理论，主要研究激发动机的因素。其中具有代表性的有马斯洛的需要层次论和赫茨伯格的双因素理论。

马斯洛将人的需要分为生理需要、安全需要、归属和爱的需要、尊重的需要和自我实现的需要等五个自低向高的需要层次。人类是有着各种各样的需要，一种需要满足后，又会出现更高层次的需要。不断地满足这些需要就是人类行为的基本动因。管理者要善于运用有针对性的激励措施，只有"投其所需"才有激励作用。

赫兹伯格的双因素理论认为能够引起员工反应的因素应分为能够消除不满意的保健因素和能够引起满意的激励因素两类。如职务、工资、上司、同事之类具体的、物质的、外在的因素，这些因素处理得好，就能消除员工的不满意，这类因素不是激励因素，只能称为保健因素。要想让员工达到满意状态，即受到激励，还必须在消除不满意的基础上再给予他们那些非物质的、内在的因素，如工作富有成就，工作成绩得到承认，工作本身重要等等，这类因素才能真正起到激励作用，才可能称为激励因素。按双因素理论要求，领导者要更多地考虑人的社会性、情感性、心理性需要，充分重视人的成就欲与事业心在调动工作积极性中的作用。

需要型激励理论强调被激励对象的需要，它通过对人类潜在需要的分析，一是指出了人的需要具有多样性和变化性，二是归纳出了对人的行为有激励作用的特定需要和因素。该理论启发我们，高校图书馆管理如果要发挥激励的作用调动员工积极性、开发员工潜能和实现组织目标，那么就应该从各方面采取多种措施来满足那些对员工有激励作用的特定需要，而这就依赖于一个全方位的激励管理体系的建立。

2. 比较型激励理论

该理论是针对人的行为过程的。最具代表性的是弗洛姆的期望理论和亚当斯的公平理论。期望理论的内容可表达为：工作动机 = 激励力量 = 目标价值 × 期望概率。上述公式告诉我们，激励力量取决于目标价值与期望概率的乘积，即取决于两者的综合作用。作为图书馆的管理者要正确认识图书馆工作目标价值，重视目标难度的设计，要注意目标价值和期望概率两个激励因素的配合作用。

3. 反馈型激励理论

该理论是将激励的作用定位于行为的目标或结果对下一步工作积极性的影响上。激励是一个需要产生动机，动机支配行为，行为实现目标，目标满足需要的过程。任何激励理论都离不开对这一过程某一环节的作用。对这一过程任何一环节施于激励作用都会激发人的潜能，调动员工的工作积极性。实践证明，人的积极性和创造性的发挥与人所受的激励程度相联系的。美国哈佛大学詹姆士教授研究发现，按时计酬的分配制度，仅能让员工发挥 20% ~ 30% 的能力，但如果给予充分激励，则可使其发挥出 80%、90% 的能力。因此，图书馆管理者，要善于用人，充分信任馆员，重视、研究激励对人力资源开发的重要作用，千方百计地激发馆员的潜能，营造一个团结、和谐、高效的群体。使每个馆员都能获得最大限度地充分施展个人聪明才智的空间。

（二）激励机制的作用

1. 有利于激发每个馆员的内在潜能

弗朗西斯 (C. Francis) 曾说：'你可以买到一个人的时间，你可雇到一个人到指定的工作岗位，你可以买到按时或按日计算的技术操作，但你买不到热情，你买不到创造性，你买不到全身心地投入。"这句话生动地说明了激励机制的重要作用。科学研究表明，人是有极大潜力的，但能否充分挖掘出来，则取决于激励机制是否有效。

2. 有利于吸引和留住优秀人才

调查表明，图书馆各种专业人才的价值取向主要表现为对高报酬和事业成功的双重追求。在图书馆人力资源管理中，通过健全激励机制，可以稳定现有馆员队伍，还能吸引外部优秀人才向本馆流动。

3. 有利于个人素质的提高

通过激励机制可以控制和调节人的行为取向，提高馆员不断努力学习的积极性，促使馆员不断提高个人的综合素质，更好地发展能力。

（三）健全激励机制的方式

1. 目标激励

所谓目标激励，就是把大、中、小和远、中、近的目标相结合，使馆员在工作中时刻把自己的行为与这些目标紧紧联系。人们追求目标是为了实现自己的愿望，满足自我需求，所以合理设置目标是一种有效的激励方法。

目标激励包括：设置目标、实施目标和检查目标三个阶段：①建立一套完整的目标体系。图书馆管理者应依据图书馆实际状况，制定出切实可行的长期发展目标，同时根据长期目标制定中期目标和短期目标。图书馆各部要依据图书馆目标分别提出自己的分目标。从而形成一套完整的目标体系。各层所定目标必须具有一定的难度和可操作性，既需要人们付出一定的努力，又在努力之后确实能够实现，一个振奋人心、切实可行的目标，可以起到鼓舞士气、激励员工的作用。相反，那些可望而不可即或既不可望又不可及的目标，会产生适得其反的作用。②目标实施。图书馆管理者在目标确立后，应根据目标要求和实际，指导和监督馆员完成目标。在目标实施过程中，管理者应加强与馆员的沟通，及时发现问题，修正偏差，以便目标能够顺利实现。③考核评价。在阶段目标实施后，图书馆管理者应对照目标的实施结果及时进行总结和评价，并给予相应的物质和精神激励，进一步激发馆员的目标认同感和工作自豪感。

2. 培训激励

培训能够成为一种有效激励因素，主要因为每个馆员都希望有机会参与培训，培训可以使馆员获得发展，可以满足馆员自我实现的需要，因此，培训能够有效地激励馆员更努力地工作。培训作为一种有效的激励机制，通常的方式有：①组织业务能力强、接受新事物快的馆员到著名图书馆参观学习，解放思想，取长补短。②定期选派业务素质高的馆员进行短期培训，补充新知识。③选送优秀馆员到旅游胜地参加培训班。④鼓励馆员利用业余时间学习，并对成绩优异者进行奖励。⑤创造条件，选拔优秀馆员出国考察，开阔视野，增长见识。

3. 参与激励

参与激励指图书馆通过创造和提供一切机会，让馆员参与图书馆组织的决策、计划的制定、重大事情的处理等。实行参与激励一方而可以充分发挥全体馆员的集体智慧，防止和减少决策上的失误；另一方面也可以使广大馆员感到自己是图书馆的主人，增强他们的主人翁责任感，从而提高馆员的工作积极性，进一步发挥馆员的潜能。完善的参与激励机制可以有多种方式，例如：决策的民主性。成立由图书馆领导班子成员、工会主席和各部门主任组成的馆务委员会。充分发挥馆务委员会的作用，凡是馆内重大决策均由馆务委员会集体讨论通过。又如，重视馆员意见和建议。与馆员切身利益相关的政策出台，都要召开座谈会，征询各个层次馆员的意见，对采纳的建议进行鼓励，对不能够采纳的进行解释。

4. 支持激励

馆领导要善于引导馆员的创造性建议，充分挖掘馆员的聪明才智，使大家都想事，都干事，都创新。支持激励包括：尊重馆员的人格、尊严、创造精神，爱护下级的积极性和创造性；信任馆员，放手让馆员大胆工作。

5. 信任激励

人们在感受信赖的时候，会产生快乐和满足，信任激励机制的完善能让馆员与管理者之间产生心灵的共鸣，进而有全力以赴投入工作的决心。信任激励贯穿于用人的始终。应以"用人不疑"的态度，对馆员予以充分信任，以政策激发馆员的积极性和创造性。使其全身心地投入到工作中去，从而获得最大的人才效益。当然，信任的前提建立在馆员的德才表现、工作业绩、发展潜力等基础之上。当图书馆领导者信任了公认的"值得信任的人"，也就赢得了群众的信任，否则会挫伤他人的工作积极性。信任激励一是领导者将任务重、难度高的工作分派给德才兼备的馆员，二是要及时将他们提拔到重要的工作岗位，通过合理晋升，使德才兼备的馆员工作能力和业绩得到肯定，其士气和绩效都会改变，而且还可以给他人以同样的期待。

6. 荣誉激励

荣誉激励说到底就是满足人们自我实现的需要。马斯洛的自我实现的需要是人类最高层次的需要。而荣誉是一种终极的激励手段。荣誉激励的方式有馆内评选优秀馆员、优秀部室，评选服务明星、服务标兵，发放荣誉奖状、证书。通令嘉奖、表扬等。在进行荣誉激励时。必须避免两个问题：①荣誉过分集中。由于惯性思维。只要某位馆员在某方面取得成绩，就会有比其他人更多的机会获得各种荣誉。荣誉过分集中，会让其他馆员觉得反正自己评不上先进，而丧失努力工作的热情。②轮流当先进。这样做非但起不到激励作用，反而会对先进产生无所谓的感觉。

7. 物质激励

物质激励是通过物质刺激调动馆员积极性的重要手段。物质激励运用合理，能够起到稳定馆员队伍，吸引优秀人才，提高工作效率的作用。完善物质激励要注意以下几个问题：①切忌平均主义。平均等于无激励，平均非但不能培养馆员的创新精神，还会扼杀馆员的积极性。②进行分配制度的改革。严格考核，将结果与奖金分配挂钩，真正做到奖勤罚懒、奖优罚劣，拉开分配档次，重点向知识含量高、劳动强度大的岗位倾斜。③物质激励的局限性。当馆员取得的报酬已经达到一定高度，而且提高与降低的幅度较小，不能产生实质影响的时候，物质激励的局|生更加明显，必须通过其他手段达到激励的效果。

三、设立监督机制

读者监督，指的是请读者对图书馆的管理、服务进行过程性的检查、监督和评价。读者监督机制，则是指在图书馆管理中运用读者监督的手段来影响、促进整个管理的工作系统。它是图书馆管理体系中的有机组成部分。

"读者第一""服务至上"、以人为本、以读者为中心的服务思想早在 20 世纪 50 年代就已在图书馆界倡导，并始终是图书馆管理者们努力追求和推崇的服务理念。然而，实践证明，在以往的管理活动中，普遍存在重决策、轻监督的现象，且在监督检查这一环节中，又偏重于各层次管理机构进行的行政监督和职代会进行的民主监督，这些无疑都是对的。但对读者监督却没有引起足够的重视，导致作为评价图书馆工作好坏、优劣的主体对象的权力没有得到充分发挥，这在很大程度上影响了图书馆服务质量的提高。

（一）高校图书馆实行读者监督机制的作用

1. 实行读者监督机制可增强员工责任心，提高工作质量和工作效率

高校图书馆员工来源渠道复杂，其观念、素质参差不齐，加之大学生读者专业、年级、阅历不同，其阅读兴趣、阅读需要、阅读倾向和阅读能力都不同，这些都对其员工的工作能力、业务水平及综合素质提出了客观要求。然而员工的现状与读者需求相距甚远。如何才能满足读者需求呢？只有在员工心目中强化读者意识。有了读者意识，员工自然就会考虑，我的工作在哪些方面有待改进，哪些方面会招来读者非议，哪些服务会赢得读者赞赏。实行读者监督机制能尽快使读者第一，服务至上的服务理念根植于员工心中，自觉改变自己。唯有这样服务意识才有可能真正转变，读者与图书馆员间的改善才会大大矛盾。

2. 实行读者监督机制可激活员工的内在潜能，彻底打破大锅饭，从而形成竞争态势

高校图书馆启用读者监督机制实际上就是请读者评价、评判本馆员工的工作水平、态度、业绩等。员工的工作过程都在读者的检查、督察掌握之中。这样，每位员工的工作职责、指标、价值以及读者的主体地位都会在监管中得到充分体现。员工的工作效益、业绩与工资、奖励、奖金挂钩，使人的惰性受到抑制，因此各种规章制度不再是口头上的说教，各种数据不再是难以兑现的纸上谈兵的数字符号，由此员工潜能得到激发，竞争局面自然形成。

3. 实行读者监督机制可缓解管理层与群众之间的直接冲突，改变了上有政策、下有对策的尴尬局面

许多高校图书馆一般采用的是二、三级管理模式。由于每层管理人员认识与素质不一样且层层又有它的利益考虑，管理认识很难一致，这样决策层的管理意图就不容易贯彻始终。读者监督机制的启用解决了图书馆行政管理中难以到位的五个方面。即：一是把管理层的软监督变成硬监督；二是把管理层的浅监督变为深监督；三是把管理层的阶段性监督变成全过程监督；四是把管理层的平面监督变为立体监督；五是把单一的管理人员行使的监督任务与全校师生员工的全体监督结合起来，减少领导与群众的对立因素。广泛的读者监督比仅靠管理层几个人的阶段|生监督来得全面、客观。让读者对所有服务环节进行全面观察、监督，可杜绝阳奉阴违、屡禁不止的违规行为，扭转不良工作作风。

4. 实行读者监督机制可激发读者的维权意识

首先，读者的主体意识增强。他不仅是一个读者，还是一个监督者，有了双重身份，这一身份不仅使他关心资源，还关心图书馆的管理。因为只有图书馆的管理搞好了，图书

馆的服务才会好，资源才会得到更为充分的利用。其次，读者的权益意识增强，让读者认识到，他们都是花了父母的血汗钱来高校学习的，图书馆应该而且必须提供他成才需要的图书资源的服务。他参与图书馆管理监督，是图书馆提供了一种维权机会，监督行为也就是一种维权行为。同时，这种维权意识本质上是现代公民社会参与意识的基础或萌芽。再次，读者的归属感、自豪感增强，与馆员的沟通也多了，比较能够理解图书馆工作的辛苦，因而改善了馆员与读者之间的关系。

（二）高校图书馆实行读者监督的有效途径

高校图书馆实行读者监督的有效途径有：

第一，高校图书馆职能部门会同读者协会，对有兴趣参与监督图书馆工作的读者进行培训、考核、挑选出部分各方面都很优秀的读者，有计划、有组织地对图书馆各部门的工作轮流查岗，记录各岗位员工的工作状况、填写读者监督卡，全方位督察该图书馆员的工作。这是读者监督的主线。

第二，依据信息工具求得读者监督。如：可通过校园网或图书馆网主页把员工照片、姓名、工号上传，这样读者可直接上网留言、投诉。读者甚至还可通过该办法评选自己认为优秀的工作人员和不文明服务的工作人员。

第三，采用问卷调查的形式，全面收集读者意见和建议，了解各部门的工作状况。

第四，在图书馆显眼处设读者意见箱、读者监督卡、读者投诉卡，这样任何读者、任何时候只要他认为该图书馆的工作中存在某些问题或有不当之处都可提出。无论是图书资料的流通、阅览，还是图书资料的采购、编目、加工以及管理等都可受到读者监督，读者监督可覆盖图书馆工作的任何环节。诚然，要搞好这项工作必须有一系列与之配套的办法。如：管理机制与读者监督机制相结合，确立科学的监督标准、严密的监督程序和合理的监督方式，制订奖惩条例、评价指标等。只有这样，才会在广泛宣传维权意识的今天不断总结、完善监督程序和内容，构建有高校图书馆特色的、行之有效的读者监督机制。

第三节 开发人力资源

一、人力资源的概念

资源是"资财的来源"（《辞海》）。在经济学上，资源是为了创造物质财富而投入于生产活动中的一切要素。当代经济学家把资源分为：自然资源、资本资源、信息资源和人力资源。人力资源是生产活动中最活跃的因素，也是一切资源中最重要的资源。由于该资源特殊的重要性，它被经济学家称为第一资源。究竟何为人力资源？从不同的角度出发有不同的定义。在此，我们将其定义为：人力资源是指具有为社会创造物质财富和精神财富、为社会提供劳务和服务的人。高校图书馆的人力资源就是为图书馆用户服务的所有工作人员。人力资源是图书馆诸要素中最活跃最具创造力的资源，是高校图书馆生存发展的保证。

二、高校图书馆需要高水平人才

（一）现代信息技术的发展需要高校图书馆有高水平的人才

随着现代信息技术的发展，图书馆的外部信息环境和内部业务机制正在发生重大的变化。计算机技术，通信技术，信息数字化技术，多媒体技术涌进了图书馆，使图书馆在信息处理与信息传播，开发智力资源，造福于社会的职能越来越凸显。面对着浩瀚的信息资源的数据，管理，提取和服务，图书馆需要大量的懂新技术、懂专业的高水平人才，来拓展信息服务的内涵，提升服务质量，更好地服务于社会。同时高校图书馆也迎来了前所未有的挑战和发展机遇。未来的现代化图书馆将在高校的教学科研发挥不可替代的作用。

信息时代的高校图书馆是学校的信息中心，以网络传递为工具迅速方便地连接本地区乃至全国全世界的数据库，向读者提供全方位的服务，并为满足师生的需求，提供纸质资料、电子读物以及网络资料。信息时代的高校图书馆应该成为信息咨询服务中心，它以读者为本，以读者满意为标准，满足读者的各方面咨询需求，并提供学科预测、专题综述、述评、信息通报等信息导航服务。信息时代的高校图书馆应具备一支高素质、高水平的人才队伍，他们具有敏锐的信息意识，熟练的信息技术应用能力，信息资源的深层次加工、开发、整合能力，以及学科信息的导航能力。信息时代高校图书馆的竞争，将是服务的竞争，是人力资源的竞争。因为高校图书馆人员队伍，是知识信息的加工者，是图书馆信息库的建造者和维护者，是信息资源使用者和信息资源之间的桥梁，又是高知识含量信息产品的设计者、生产者和操作者。图书馆高素质、高水平的人员队伍，是高校图书馆向现代化迈进的内在动力，没有这些高素质高水平的图书馆员，高校图书馆的现代化进程和图书馆的未来都无从谈起。只有把人的全面发展当作长远的培养目标，积蓄图书馆的人力资源优势，充分体现和发挥人文精神，才能真正使图书馆兴旺发达。

（二）知识服务呼唤高水平人才

知识经济的出现和现代化信息技术的发展，使知识管理走进图书馆成为一种趋势，图书馆走知识服务之路也是一种必然。图书馆不能排斥以藏书资源建设、文献流通浏览、文献编目检索等为基础的传统信息服务，但要着力从传统的信息服务向以知识管理为指导的知识服务发展。知识服务将贯穿于用户解决方案的始终，强调图书馆员运用自己的知识与能力，借助于馆藏，对馆藏信息进行加工，形成新的知识产品，为用户提供解决方案。

知识服务的主要特征是：①以读者的需求为出发点和中心。强调的是收集知识的创新信息；研究的是由科学技术发展而产生的读者对知识的需求。②通过各种方式促进新知识的传播，以满足读者现实的和潜在的需求。③以提高读者吸纳知识、运用知识、自我更新知识的能力为目标，强调读者对新知识反映的灵敏度。在可供服务的信息源看，各种类型的光盘、多媒体数据库等电子出版物的出现，使信息载体多样化、信息来源多元化。信息的传播量和信息的传播速度都较以前有了显著的提高。服务人员能回答更多的事实性咨询问题，实现服务内容的变革。

在知识经济时代，由于知识创新、知识发展、知识爆炸所带来的信息量的扩大和知识更新的速度加快，促使馆员必须跟上时代的步伐。同时，图书馆又以提高读者吸纳知识、运用知识、自我更新知识的能力为目标，所以，迅速提高馆员的素质刻不容缓。一名出色的图书馆员，要具备以下信息意识和信息能力：敏锐的信息意识、较好的获取能力、专业信息的加工能力、娴熟的信息技术应用能力与系统信息导航能力，同时图书情报人员还应该学习和掌握信息网络及其他相关技术，成为学术型、知识型、导航性馆员，以便进一步提高图书馆的社会信息服务效能，这是图书馆管理与服务中构建和谐环境、推进事业可持续发展、重视人文关怀等理念能够得以落实的最基本保障。

（三）高校图书馆可持续发展需要高水平人才

图书馆实现馆藏资源、服务方式、管理模式的更新，人才是基础。要适应当今社会发展的需要，实现图书馆可持续发展，人是决定因素，建设现代化图书馆关键是建设一支高素质的图书馆员队伍。

三、高校图书馆现有人力资源的不足

（一）馆员专业素质不高

长期以来，在图书馆工作中，未将馆员素质的提高当作工作的中心，忽视了人作为图书馆主体的重要作用。这种做法最终损害的不仅是馆员的利益，而且降低了读者的服务水平，损害了图书馆自身形象和读者的利益。

（二）队伍结构不够合理

当前高校图书馆人员结构不合理是长期以来形成的。从高校恢复招生以来，图书馆事业并没有引起图书馆领导的高度重视，普遍认为其主要功能就是图书馆的订购、分类、编目与沟通。在这近30年里，相当一部分学校把图书馆作为解决校内教职工家属及子女的就业场所。高校在用人方面其政策、条例及考核措施也侧重于行政干部、教师及科研人员，对图书馆管理人员除了出勤率作为其考核的主要标准外，并没有重视对其专业技术上的配备要求，甚至成为学校人力资源管理当中"被遗忘的角落"。

（三）馆员再教育滞后

目前很多管理者在如何提高图书馆的水平的认识上还存在着误区，往往只重视文献资源购置经费的投入和硬件设施的添置，不重视对人员素质的提高，导致员工再教育的滞后，严重影响了人力资源的可持续发展。

四、开发人力资源，提升人的能力

在知识经济、信息经济的时代，人的素质是诸多因素中最为重要的，学习的目的就在于提高人的素质并使之得到发挥。人力资源的深度开发除了通过一定的经营管理制度和手段，使人的潜力得到充分利用，很重要的一点就是进行教育和培训，提升人的能力。

（一）重塑知识结构

高校图书馆服务人员要能适应服务环境的变化和挑战，真正能在服务创新中一展身手，就要实施知识结构的转移，重塑起有助于强化创造性品格和创新能力的知识结构。

1. 变轻型结构为重型结构

在社会的信息拥有量迅速扩张的情况下，肤浅的知识很难产生创新性思维，从而要求读者服务人员的知识拥有量，逐步由轻型结构向重型结构转换，以便与迅速扩张的信息量相适应。这种转化并非单指在量上的简单增加，而是知识的整体性提升和结构性的变化，体现出服务人员在知识结构上质的飞跃。

2. 变封闭型结构为开放型结构

现有读者服务人员的知识结构，基本上还局限于先前所学的教科书中的内容，显然不能适应社会知识不断更新和读者服务深入发展的要求，需要形成开放型结构，不断吸纳新知识，促进思维的创新。

3. 变被动型结构为创造型结构

要做到这一点，就得调整现有的知识结构，从被动接纳的知识结构转向创造型结构。其中很重要的是增加能力、方法等知识，并力求使这些知识达到与能力相统一。

逐步形成包括下述知识在内的新的全面性知识结构：

基础性知识。包括两个层次：一是哲学、自然科学、社会科学等文化科学基础知识。二是信息及信息管理、计算机等专业基础知识。

中心性知识。即知识结构要围绕某些具体问题而建立，形成一个起主导作用的核心。现代读者服务人员的核心知识是信息管理科学知识。

多元性知识。指知识结构具有多层次性和广博性，有助于创造性地解决各种实际问题。读者服务人员要能适应深入开展读者服务的要求，就必须掌握某学科的系统知识及相关学科的专业知识。

立体性知识。立体型知识结构可分为两种形式：一为 T 型知识结构，即纵向专业知识加上广博的横向知识面。二是飞机型复合知识结构，机身为专业学科和信息管理知识，机翼为计算机及外语知识。

（二）提高信息素养

1. 综合信息的能力

这主要表现于三个方面：第一，较高的英语水平。由于目前美国在互联网上居于领导地位，故 Internet 上 95% 的信息以英语表达，这样一来，图书馆员英语水平的高低，决定着其搜集、整理信息的能力。第二，较高的计算机水平。图书馆员应能够在浩瀚的信息中区别各种类型和格式的潜在信息源，有效地存取所需信息，能够提取、记录和管理信息及信息源，并为存取所需信息选择最适宜的检索系统，这一切离开计算机水平是行不通的。包括熟练掌握计算机特别是网络技术，如网上编目、网上查询、网上互借等，熟练使用局域网、国内联机检索和 Internet，进行多方位、多视角检索，为读者提供信息服务，能对不同数据库、网站的信息资源进行选择、整理和加工，掌握各种载体性能，指导读者使用各载体信息，并利用网络终端查找所需信息。第三，相应的专业基础。在信息工作中，图书馆员要从搜集到的信息中提取有效信息并加以评价，对主要观点进行合成，确定新信息是否对馆藏价值系统有影响，把所选择的信息加入知识库。图书馆员能否选取有价值的信息，很大程度上取决于其是否具备一定的相应专业知识。

2. 知识管理能力

知识管理就是要将各种咨询资源转化为具有网状联系的规范知识集合，并对这些知识提供开放式管理，实现知识的生产、利用和共享，以帮助学习者对知识进行全面的获取和建构。知识管理可以建立激励读者积极参与知识共享的机制，培养读者的知识意识，有利于培养读者个体和集体的创造力。因此，图书馆员具备知识管理的能力，这不仅是图书馆员职业的需要，更是高等教育改革的需要。

知识管理能力是指面对浩瀚如海的网络信息资源，图书馆员能够有效地获取、加工、处理这些资源，使之转化为能够为己所用的咨询资源。知识管理能力要求图书馆员了解知识管理的基本原则、会使用知识管理的工具。知识管理需要遵循的原则是积累、共享和交流。积累是管理的基础，是指知识资源要达到一定的数量和质量。共享是指学习组织内各成员之间的知识要公开，共同拥有。交流是指组织内成员之间要进行交流和沟通，是知识管理的最高层次。知识管理的工具包括知识的生成、编码、转移工具。知识的生成工具可以帮助我们实现知识的获取、合成和创新。编码工具则可以通过标准的形式表现知识，使知识能够方便地被共享和交流。转移工具可以实现知识的传播和流动，使知识产生巨大的效益。

3. 信息教育的能力

在信息技术教育中，图书馆员的角色是多方面的。一方面，图书馆员本人需要接受信息技术教育；另一方面，图书馆员又是学校普及信息技术教育的主要执行者，在信息咨询中用自己的行为作为榜样，使读者受到潜移默化的信息技术教育是信息时代图书馆员的咨询必备能力。伴随着信息技术教育的普及以及信息技术与学科课程整合的程度越来越高，图书馆员的信息教育能力显得越来越重要，不仅需要图书馆员在自己的咨询过程中自觉地融入信息教育的内容，更要求图书馆员在自己的工作、学习、生活中自觉地运用信息技术，营造浓郁的信息文化氛围，使读者从图书馆员身上能够感受到信息的魅力，激发他们学习信息技术、应用信息技术、自觉加强信息素养养成的动机。

（三）创立学习机制

学校应把图书馆员继续教育纳入教师培训计划之内。一个蓬勃发展的现代图书馆，必然是馆员能够从不同渠道持续接受各种级别和各种类型教育的图书馆。图书馆员对继续教育的需求其实并不止于职业对其素质的规定，自身发展的需求也是产生较高和多样化的教育需求的重要因素。当今各图书馆在馆员继续教育的过程中不断摸索，逐渐形成了不少行之有效的教育模式。

1. 自主学习模式

该模式是由图书馆员根据工作的实际需要，参照上级部门制定的培训目标，在一定范围内自选培训内容、途径和形式，通过自主学习来提高自身素质的一种教育模式。在实施个人开发模式中，继续教育管理部门将采取社会需求与个人需求相统一的价值取向原则，制定继续教育的目标、内容和评价体系，而继续教育培训机构则根据馆员的需求提供服务，并负责进行考评等。由于目前条件所限，对大多数图书馆员来说，以自学为主是尽快改变自己知识结构，提高学术水平的必由之路。

2. 馆内培训模式

在上级主管部门和有关业务部门的规划指导下，以馆员任职馆为继续教育的基地，以馆长为第一责任人，根据本馆需要与馆员需求制订教育计划，以提高馆员的技术能力为主要目标，通过多途径、多形式把馆员的继续教育与其业务工作、科研实践等紧密结合起来形成的教育模式。

3. 科学研究模式

是通过指导馆员联系业务实际进行科学研究，通过提高馆员的科研能力，自我更新知识的能力和工作技能，从而推动馆员整体素质提高的一种继续教育模式。在我国绝大部分图书馆中，科研成果与职称以及奖金的评定相挂钩，在一定程度上激发了馆员对科学研究的热情，与此同时，馆员的继续教育也得到了相当程度的实施。这是图书馆员继续教育的理想模式。该模式能促使馆员立足本馆的工作实践，开展学习和研究，研究成果具有实用性、针对性和时效性。馆员可以通过对图书馆业务的学习与研究，更好地掌握本职工作的规律，提高业务能力，开发自身的创造能力，从而更好地提供信息服务，完善图书馆管理。

4. 课程教授模式

课程教授模式是以大学、专门培训机构为主要培训基地，以提高馆员知识水平为目标，通过为馆员开设系列理论课程来开展继续教育的一种模式。其教育形式有学历教育、非学历进修和短期培训等。这种模式能使学员较系统地学习某一学科领域的理论知识，有利于图书馆员理论水平和学历层次的提高，比较适用于严谨的、具有学术性和研究性的培训。

但这种把馆员集中起来当"学生"加以培训的模式，重视了教师的主导性，一定程度上却忽视了"学生"的主动性，忽视了"学生"是学习的主体，更不能顾及学员各自工作岗位的特殊需要，培训的实效性和针对性不强。馆员的继续教育要从根本上满足其不同需要，就不能局限于理论课程的学习，应在此基础之上，针对现代化图书馆的需要，注重现代技术以及网络服务等方面的继续教育，使馆员不仅提高图书馆基础理论水平，还能提高信息收集、加工、处理和网络服务能力。应注意把培训渗透到教学情境和过程中，在提高他们专业知识的同时，注重把馆员所学的知识与工作实践有机地结合起来，强化知识的应用，才能真正地提高馆员的素质。

5. 远程教授模式

远程教授模式是一种凭借现代传媒技术代替教师课堂面授的教育活动，它建立在客观的、理性的交互作用的基础之上。远程教授的形式有：函授教育、广播电视教育和计算机网络教育。其中基于网络的远程教授模式的基本运作方式是：教师利用远程教授平台进行授课，对学生提出的问题进行解答，师生之间通过电子邮件或在网站聊天室里进行交流，课后把作业和课程相关资料发布到网上，学生则在网络上完成课后练习，教师通过测试软件对学生进行作业评改，并把每个学生的作业情况输入测试软件中，以达到因材施教的目标。该模式不是建立在面对面直接交往的基础上，打破了传统的'就学'观念。它是以个别化学习为基础的、开放的、更能体现学习者主体性的教育形式。它克服了传统教育在时间和空间上的障碍，为那些不能或不愿利用面对面教学形式的学习者提供了学习机会。它减少了人们在时间、费用、信息缺乏、交通不便、程序复杂等方面的学习障碍，为人们提供了获得参与学习的机会。据一份报告表明，网上教育可以减少40%的时间和30%的费用，而多学了30%的课程。

总之，根据图书馆员的具体情况，科学选择、综合使用各种教育模式是有效开展馆员继续教育的必要条件。然而目前，在国内图书馆员继续教育活动中，不同程度地存在着模式单一、盲目应用的情况。这是继续教育效果不理想的主要原因之一。继续教育应该能达到提高认识、更新知识、增强业务能力、开发创造能力的目的。在当今的知识经济时代，全体馆员只有树立终身学习的理念，不断地进行知识更新，才能超越自我，跟上时代发展的步伐，才能提高图书馆的服务层次。

第四节　完善高校图书馆制度

高校图书馆制度是图书馆的支撑系统，是图书馆事业建设和发展的中轴。它规范着图书馆组织和人员的行为。如果制度具有科学性和前瞻性，可以推动图书馆事业的发展。反之，如果制度落后僵化，则将阻碍图书馆事业的发展。

一、制度及高校图书馆制度的含义

广义的制度是调整人类行为的规范，包括法规、章程、规则、条例和规章、规程等。高校图书馆制度是图书馆内部的有关图书馆组织和人员行为的法规和标准的总和。它包括：

（一）组织制度

它规定图书馆的地位、机构设置、人员编制、职责权限、活动原则以及对部门进行变更的程序等，如《普通高等学校图书馆规程》。

（二）领导制度

规定图书馆的领导体制，如馆长负责制还是集体负责制，还规定领导者的任期、职责权限和产生方式，如选举制还是委任制或聘任制等。

（三）行政管理制度

主要包括对各类人员的要求标准及考核、晋升、奖惩的方法，还有经费、设备的管理使用原则等，它是针对人、财、物、后勤、环境等行政管理事务而制定的行政规范和行为准则。如财务制度、卫生制度、保卫制度、人事制度等。其中人事制度是主要的制度，它是图书馆关于人事行政、人事管理的规范，包括对图书馆工作人员的录取、任用、考核、培训、调配、奖惩、工资、福利、退休等一系列的具体制度，如《图书馆职工考核奖惩制度》。

（四）业务工作制度

它是为业务部门和专业人员就具体业务工作制定的操作规范，主要涵盖文献工作的采、编、藏、阅、咨询等相关制度，以及情报服务、技术服务等相关规则。由于业务性规范涉及众多业务环节和管理层面，因而它在规章制度体系中占有较重的分量，它由业务工作制度，如《书目数据规范制度》，业务工作细则，如《图书采购细则》《中文图书分类细则》，管理条例，如《电子阅览室管理条例》等规章制度组成。

（五）岗位责任制度

是指在图书馆内部的各个职位之间进行责权划分的制度，也就是根据图书馆每个部门的任务设置工作职位，进而确定职位的责权范围和因事配人的制度，如《图书馆馆长岗位责任制》。

（六）读者服务规范

主要明确读者利用图书馆的权利和义务，体现图书馆服务至上的原则和主客体的相互依赖关系。

以上六个方面共同构成相互联系、相互制约的图书馆制度体系。

二、制定高校图书馆制度的原则

高校图书馆制度对于保障图书馆的稳定和发展，实现图书馆的工作目标起着至关重要的作用。那么，在制定高校图书馆制度时应遵循怎样的原则呢？

（一）合法性原则

首先，制定制度的主体要明确、合法，要有明确的制度编制人员，依据相关的法律和政策，按照一定的标准，有目的、有计划地制定制度。其次，制度的内容必须准确、合法。制度内容必须准确明了，不得模棱两可，并且要符合国家宪法和法律的规定，在制定规章制度时，要以国家已颁布的法规、标准、规范等作为依据。

（二）科学性、规范性原则

由于高校图书馆存在学术性、科研性强的内在规律，因此很多制度在制定时既要有科学性，又要有明确的标准和统一的行文规范，还要具有超前性，要能预见到事物的发展，用动态的思维考虑问题，同时在稳定中求发展，结合实际，易于操作，切实可行。

（三）系统性原则

规章制度体系的形成是一项系统工程，它是一个复杂的有机统一体，必须具有内在的逻辑关联。制度的制定要有完整性、系统性、配套性，要全面具体，形成结构合理的、能够涵盖高校图书馆各项工作的制度网络。图书馆制度作用的充分发挥，不能依靠单个制度的单个作用，而要依靠相关制度的成龙配套的综合作用。不仅要依靠相关制度的线性配套，而且要依靠相关制度的网络配套，才能发挥最佳状态和最高效能的综合配套作用，体现出图书馆每个部门的高效率，保证整个图书馆的高效率。对同一事物的规范要前后衔接、相互支持，要完整系统地体现出科学性和合理性，若体系零乱、平衡失调，将严重影响规章制度的可信性和权威性，降低其规范的有效性。

（四）共性与个性相结合的原则

高校图书馆的性质决定其制度体系结构有着许多的共同之处，其主要的规章管理制度都具有相同之处，体现出图书馆业务的共性，因此，可以统一制定出制度体系结构，达到制度的规范化，通过规范的制度体系来加强管理，促进图书馆各方面的建设。同时规章制度建设又要有个性。要紧密联系实际，一切从本馆的实际出发。根据自身的实际、规模和任务等特殊性，恰当的求同存异，灵活地应用和补充。由于每个图书馆都有其不同的特色和特点，因而规章制度建设就要针对各馆的具体情况体现出其个性。可以说，有个性才有针对性，有针对性才有明确的目的性。不然，规章制度建设就会流于形式，从而降低或失去制度效益，使规章制度成为"空壳"而毫无意义。制度的统一性，可以避免各高校图书馆制度的重复建设；其灵活性又可以适应各馆的具体情况，两者有机结合是制定和完善高校图书馆制度体系的重要原则。

（五）连续性与时效性相结合的原则

高校图书馆要在现存制度的基础上制定新的制度，要保持制度的相对的稳定和连续性，同时对于那些陈旧过时不再适用了的制度，要及时废除或进行修改。如我国教育部为适应高等学校图书馆事业的发展，更好地为高等学校教学科研服务。

三、制定高校图书馆制度的程序

制度的制定是一项大的工程，应按照一定的程序组织实施。首先，要将制度建设放到图书馆整体建设和发展中去考虑。建立制度前，先要制定出图书馆整体发展规划，让制度同图书馆的发展规划和奋斗目标保持一致，可聘请校内外在管理方面理论造诣较深且具有实践经验的专家学者参与制度建设的筹划工作。此外，还要深入研究，反复论证，确立制度建设的指导思想和原则，提出制度建设的方法，制定出制度体系的框架和操作方案。

（一）调研、起草

成立起草小组，在高校图书馆进行广泛的收集素材和调查研究，结合高校图书馆的实际情况来拟订草稿。草稿、初稿、修订稿后，按规定的行文格式形成形式规范、内容健全的征求意见稿。

（二）讨论、修改

广泛地征求高校图书馆同仁的意见，在此基础上才能制定出切实可行的高校图书馆的各种规章制度。反复征求意见后，制度编写组再组织对征求意见稿进行审议、讨论修改，再将修订稿下发征求意见，再次修改后形成正式的高校图书馆制度体系。

（三）审批、执行

制度编写者将反复征求意见、反复讨论、修改后的定稿经实践验证后报教育部门审批。将审批后的高校图书馆规章制度行文公布，新的制度从公布之日起生效，并严格执行，原有旧的制度同时废止。

四、高校图书馆制度创新的动因

随着信息技术革命的到来，自动化、网络化建设的迅速发展，管理改革的不断深化，加快了高校图书馆由传统模式向现代模式的转变。在这种模式转换进程中，高校图书馆出现了新形势、新技术、新任务，需要新的规章制度加以规范。制度的建设必须跟上管理改革的步伐，以保证高校图书情报系统有序运转。图书馆制度创新是时代的要求，是图书馆事业发展的需要，是图书馆开展服务工作的基础和保证。

（一）信息技术革命需要规章制度创新

当代科技的发展，尤其是现代信息技术的发展，使高校图书馆管理工作实现了现代化，呼唤新规章制度的诞生，就成为需求中的必然。在网络技术环境下，高校图书馆的信息处理和信息检索手段发生了很大变化，大多数高校图书馆已经实现了书刊采、编、流和办公全程的自动化管理，并逐步在资源配置、检索途径上拓展新的网络化服务空间。当前和今后一段时期，高校图书馆馆藏的数字化和虚拟化又将是发展方向和创新目标。新环境下，高校图书馆在管理、服务、技术等方面面临许多问题，需要加以规范和调整。创新的工作方式和环境需要依托创新的规章制度。

（二）实现高校图书馆事业可持续发展依靠规章制度创新

高校图书馆事业实现可持续发展，需要文献资源、设备资源和制度资源的共同支撑。文献资源、设备资源离不开制度资源的合理安排，同时文献资源、设备资源的优化配置，更需要依靠规章制度的优化配置。从某种意义上说，制度资源的优化配置，在高校图书馆事业可持续发展中起着导向、制约的作用，并影响文献资源与设备资源的配置效率。所以，规章制度的不断创新，适时推出新的制度模式、体系和方案，对于规范和调控高校图书馆的运行状态、确保高校图书馆事业的顺利发展有着重要意义。

（三）提高图书馆运作质量和效率需要不断创新制度环境

从我国高校图书馆规章制度的沿革和目前的现实看，规章制度建设在整体上缺乏机动性和灵活性。一般而言，规章制度具有具体性、内隐性和变动性的特征，其中变动是指它随着社会政治、经济、文化的发展而处于不断地发展创新之中。所以，规章制度建设要不断优化制度环境，及时调整和解决规章制度构成要素之间的矛盾性和统一性。只有营造完善且充满活力的制度环境，才能保持高校图书馆的稳定和高效率。

五、创新高校图书馆制度的意义

（一）健全的制度能保障高校图书馆各项工作的制度化、有序化

高校图书馆通过工作职责、业务工作规范等制度，明确、具体地规定了各项工作的范围和应完成任务的数量，明确了每个工作人员的责任、权利和应尽的义务，使管理更加科学化。

（二）制度化管理使高校图书馆工作达到标准化、规范化，提高图书馆的工作质量

图书馆每个岗位的工作人员不是一成不变的，有了从简单的《装订工作细则》到复杂的《中文图书分编工作细则》等制度，对各项工作都做出具体的规定，工作起来就有据可依，

有严格的程序和要求。如果没有这些制度作保障，就很难保持整个图书馆各项业务工作的标准化、规范化和连续性。

（三）健全的制度能提高高校图书馆的工作质量和工作效率

影响工作效率的因素是多方面的，其中图书馆制度的健全、完善与否是一个极重要的因素。各项制度的完备程度直接影响到工作效率的高低。图书馆制度愈健全、愈完善，工作中就有据可依，有章可循，有条不紊，图书馆工作效率就愈高；反之就愈低。例如，制度不完备、不健全，就会出现工作中的职责不清、权限不明，从而导致出现各层次、各部门之间的争功推过等现象，使工作效率低下。

（四）完善的制度使高校图书馆具有统一性，能促进馆内各部门的协调及高校图书馆之间的一致性

高校图书馆作为高校组织系统中的一个子系统，它由相互作用的许多部门构成，图书馆要协调运转，必须要保证各部门内部的统一协调，以及部门之间、上下层级之间保持一致性或统一性，这种统一性要由制度来保证。

（五）良好的制度环境能促使高校图书馆持续稳定地发展

稳定性是高校图书馆实现其既定目标和完成具体工作任务的必要条件。高校图书馆要通过制度的途径把图书馆的各种管理条例、规章、规则等规范化、固定化、标准化，保持其连续性和稳定性，促进高校图书馆持续稳定的发展。如图书分类编目工作中，常常遇到一些边缘学科涉及可放在两个类目以上，若根据本馆的《图书分类细则》进行分类，无论是哪位编目员，都可以将同类的书放人相同的类目，以保持图书分类的持续性和一致性。

六、高校图书馆制度创新的思路

运用资源优化配置的思想，采用纵向继承、横向移植和综合创新的方法，对制度资源进行综合创新。盘活现有制度资源，对制度资源合理规划和有效调配，从而建立起一套全新的规章制度体系。

与高校图书馆的管理体制、运行机制的变革创新相适应，在人事制度、财务制度和分配制度上全面创新。将硬性的规章制度约束与柔性的人本管理思想相结合，用刚柔相济的规章制度，调控和营造积极向上的管理氛围。

科学制定和创新配置部门工作指标、业务规范、计量标准等，使岗位责任更加明确，监督检查更有依据，以此推进基础工作和服务工作的全面改进。

与高校图书馆网络化、数字化、虚拟化发展形势相适应，对网络技术的应用、业务流程的自动化管理、多媒体研究领域数据处理规则，以及新技术、设备、服务等问题，配置相应的制度。

高校图书馆制度创新要体现以下几点：一是规章制度的创新不仅看其自身管理的有效性，更要看其是否有利于读者服务工作，有利于方便读者，是否受到读者的欢迎。二是创新的规章制度不仅要同文献资源和设备资源协调一致，更重要的是能保证和促进文献资源和设备资源诸要素功能的充分发挥，体现出良好的制度效益。三是规章制度反映出一个馆的管理和业务水平，创新的规章制度就要用创新的工作局面去验证，工作局面的创新既是规章制度创新的目的，也是规章制度实践的具体反映。四是图书馆始终处在动态的发展之中，创新的规章制度不仅要适应当前图书馆全新的管理方式，而且还要有一定的前瞻性。唯有如此，才能保证图书馆工作的有序、稳定和高效，才能确保图书馆事业的可持续发展。

任何事物都处于不断的发展变化之中，有了制度并不是一成不变，随着高校图书馆的发展变化，制度的约束力、可行性、有效性也会发生一些变化；另一方面新出台的制度虽然通过了以上严格的程序，也不一定就尽善尽美，它需要不断地补充和完善，使其更加成熟、科学、合理。

高校图书馆制度的落实与督促，是优化高校图书馆制度环境的最终目的。有了统一可行的、涵盖高校图书馆各项工作的制度体系，有了健全的、不断完善的制度环境后，在制定制度的目标中只是完成了一半，更重要的是让其充分发挥作用、影响、约束和规范图书馆的行为。只有认真贯彻执行，使其落到实处，并有专人检查、督促其执行情况，发现问题及时解决，才能真正起到优化高校图书馆制度环境的作用，达到优化高校图书馆制度环境的最终目的。

第五节　挖掘信息源

信息化社会的基本特征之一就是知识量、信息量成指数增长，记录知识和信息的载体种类繁多、形式复杂、分布广泛，这些都给信息的获取、选择和利用带来了很大困难。信息资源是图书馆服务的基础，高校图书馆应充分利用现有资源、技术和网络条件，创新信息源，提高信息保障能力，满足用户不断增长的信息需求。

一、"信息源"概念的产生与发展

人们在生产经营、科研活动和其他一切活动中所产生的成果和各种原始记录，以及对这些成果和原始记录加工整理得到的成品都是信息的源泉，简称信息源。信息源内涵丰富，它不仅包括各种信息载体，也包括各种信息机构，不仅包括传统印刷型文献资料，也包括现代电子书刊。联合国教科文组织出版的《文献术语》把其定义为：个人为满足其信息需要而获得信息的来源。其发展经历了以下四个阶段：

（一）点信息源

当人类意识到信息的重要性，并主动或被动地接收信息时，信息源便应运而生了。它是以点信息等原始信息源为特征，例如古代通过烽火传递军事情报便属于这一类型。早期信息源的概念比较模糊。随着社会的进步和人类社会实践活动的不断深入，信息的内容、范围也越来越广泛，交流信息的方式方法也越来越多样化，信息的作用也越来越大。

（二）符号信息源

随着人类文明的进步，人们获取信息的范围和能力大大加强。自从1946年第一台计算机诞生，信息源发展的第一阶段便开始了。这一阶段主要有三种信息源：数据信息源、文字信息源和字符信息源。数据信息源也称数值信息源或数字信息源，文字信息源和字符信息源又统称为非数字信息源，数字和非数字信息源可以统称为符号信息源。随着微电子技术的发展和微型计算机的产生，各种信息源都以符号的形式在各种计算机系统中流动和相互传递，到达接收者手中并得到充分利用。

（三）多媒体信息源

20世纪90年代是多媒体信息传送时代，也是多媒体技术迅速发展的年代。此阶段不仅有数字、文字和字符信息源，还有声音、图像等。这些多媒体信息源的传送使人和计算机交互更加简便，关系更加密切了。人们对信息源的收集、加工处理、存取和利用更接近自然，更接近人的生活习惯和工作方式。人们利用多媒体信息传递技术，全面协调地实现了声、图、文一体化。

（四）虚拟现实信息源

随着虚拟现实技术的兴起，人们利用虚拟现实技术创建了与真实世界相似的虚拟世界，如虚拟银行、虚拟医院、虚拟展览会和虚拟工厂等等。虚拟现实创建了一个相当逼真的三维视听、触摸和感觉的虚拟空间环境，而且这种三维环境可以随需变换，交替更迭。用户或参加者可以通过虚拟现实技术进入该环境，并通过计算机与该环境交换虚拟现实信息，从而亲身感受三维逼真环境，在虚拟现实的三维环境内进行各种活动和操作。虚拟现实技术的发展和应用从根本上改变了人类的思维方式。

二、信息环境下图书馆信息源向多元化方向发展

（一）信息资源载体的变化

传统的文献信息主要以印刷型文献为主，还包括声像磁带、缩微制品等，它们都是以实体的形态展示在读者面前。信息环境下，信息种类的异常繁多，图书馆信息资源载体还

包括网络、CD—ROM、磁盘等，纸质文献向数字化、信息化演变。随着网络信息资源的极大丰富，使得以纸质文献为馆藏主体的格局被打破，形成纸质文献与电子文献相并存的局面，并且数字化资源正以前所未有的速度充实馆藏，出现了实体馆藏资源与虚拟馆藏资源共有、有序资源与无序资源并存的趋势。信息环境下图书馆的信息资源不再只是传统意义上的文献概念，而是包括传统文献、电子出版物和网络信息在内的涵盖范围很广的文献信息资源。

（二）信息来源的变化

传统的文献信息来源主要是通过购买、赠送或交换，以及由本馆人员开发的二、三次文献等，而网络环境下，信息来源不再局限于本馆的馆藏，它还包括网上免费资源和通过网络通信技术向外界"索取"的文献和信息。

（三）馆藏结构的变化

从馆藏文献资料的地理分布看，不仅有本地馆藏文献信息资料，而且有异地信息资料。

（四）读者信息需求的变化

传统图书馆的服务对象是有限的，一般面向比较固定的读者群。在网络环境下，不同年龄、不同行业和文化层次的人都可以通过计算机终端直接利用网络信息资源，信息用户成分的变化导致用户的信息需求发生了变化，呈现出社会化、多样化、网络化和集成化的特点。

三、拓展图书馆信息源

（一）多途径获取印刷型文献信息

印刷型文献出版途径的增多和数量的剧增，读者文献信息需求的变化，要求图书馆全方位、多途径地获取文献信息，满足读者多样化的信息需求。

（二）馆藏文献数字化

现代人的目的是足不出户便可了解和利用图书馆的各种信息资源。实现馆藏文献的电子化是网络环境下图书馆的一项最基本的工作，是图书馆现代化信息服务的重要内容和前提。实现馆藏文献的电子化包括开展对本馆现有馆藏进行科学分类编目、编制馆藏目录、索引等二次文献检索工具等工作，并且将馆藏的传统文献包括印刷型文献、缩微型文献、磁介质文献进行数字化转换、编辑、压缩等技术处理，储存在网络服务器上，实现声像资料的网络视听阅览。在印刷型文献数字化的基础上，对图书馆物理馆藏和数字化馆藏按学科门类实施集成化组织与整合，逐步实现馆内资源跨类型、跨载体的信息检索与利用。

（三）购买电子文献

信息资源是图书馆开展服务工作重要的物质基础。过去，馆藏文献主要是以印刷型文献为主，随着计算机技术的不断发展，磁盘、光盘、数据库等电子资源日益增多，电子资源以其易存储、检索利用快捷方便而受到广大读者的欢迎。收集电子资源已成为图书馆信息资源建设工作的一个重要内容。电子资源是未来图书馆信息资源的发展趋势，图书馆在优化纸质资源采购的基础上，应逐年增加对电子图书、数据库等电子资源的采购。从目前情况看，数字化资源还不能完全取代印刷型文献，两者将长期并存。

（四）积极开发利用网络信息资源

互联网上有许多免费网络资源，形式多样，内容丰富，如部分工程技术文献、期刊、考试资料、电子图书等，有些可免费下载，但多数网络资源还处于一种无序状态，由于普通读者的图书情报专业知识和时间精力有限，对网上资源了解不全。高校图书馆可根据学校和社会发展需要，根据学校教学科研的信息需求，确定信息收集的范围与重点，发挥专业优势，综合运用专业搜索方法和 Google、百度、Yahoo 等搜索引擎，按专业类别、按用户群体或按用途等收集整理有关资料，分门别类地加以组织，提供给读者使用，作为对馆藏资源的补充，从整体上提高自身的信息保障能力。此外，还可以建立网络资源导航、友情链接或者镜像站点，将无序的网络资源组织起来，以主题树的形式指引用户查找，将读者方便快捷地引到特定的地址查找所需信息。信息资源的组织与整合，是促使多渠道、多载体信息资源有机结合，形成适用性、功能性更强的再生信息的关键，随着网络资源的进一步丰富，图书馆资源也将是对网络资源的补充。

（五）馆藏资源特色化

特色是事物所表现的独特风格，是一事物区别于他事物的显著特征。馆藏特色，是一个图书馆所具有的独特风格，是区别于其他图书馆的不同特点，它包含两个方面的含义：一是指一个图书馆中独具特色的部分藏书；二是指图书馆总的藏书体系所具有的特点。高校图书馆应根据自身的类型、任务、读者需求、学科及专业建设特点，在信息资源建设方面形成自己的馆藏特色。高校图书馆要建立起有自己资源特色的信息网站和文献信息数据库，其形式有两种：一是建立高校图书馆的馆藏特色。根据学校教学科研需求和本地区经济与社会发展的信息需求以及本馆的文献资源、人力、经费等现实条件，优化藏书建设，做到"人无我有，人有我优，人有我特"；二是根据重点学科、文献资源特色等优势，建立专题数据库。如湘潭大学现在正研制的毛泽东思想研究数据库、潇湘文化建设数据库，兰州大学开发的敦煌学数据库，华中科技大学的机器制造及自动化特色数据库等都是具有馆藏特色的数据库。

21 世纪高校图书馆的资源建设目标，不再是积累大量的文献，建设大书库，而是逐步实现资源数字化、特色化，建设全球化的数字图书馆，向特色化发展。在网络环境下，每个馆的资源都是由实际馆藏和虚拟资源两部分组成，且网上资源日趋丰富，图书馆可借助网上资源来提高自身的信息提供能力。馆藏量的多少，不再是衡量一个图书馆的唯一标准，只有结合本校、本地区的需求与特色，形成本馆的特色，才能实现健康、可持续发展。高校图书馆还应对本校师生撰写或编译的专著、教材、讲义及论文，与本校相关的文献，以及在本校召开的学术会议的文献进行收集、整理，经过长期积累后形成本馆的特色馆藏。

（六）挖掘知识信息

信息时代，信息用户对信息服务的期望值及质量要求等都比以往大大提高。他们希望得到的不仅仅只是文献本身，还希望获得有深度的信息内容。图书馆服务工作不能仅停留在文献整理和收藏上，服务人员要注重挖掘知识信息，提高信息产品的含金量，搞好信息增值服务。重点进行信息资源的深层次开发和知识挖掘，如侧重于系统化的知识信息的整合加工，以专题性的知识信息单元和序列化的知识信息单元体系作为信息资源开发成果的主要呈现形式。编制二次情报资源和三次情报资源等智力型的信息产品，建立各类专题数据库、网络系统和科学的检索系统，动态性地综合报道各类信息资源。借助现代化的技术手段开发出高层次的信息产品，如专题调研报告等，这种带学科性质、专题性质的信息开发工作，既能发挥图书馆的人才优势，也可提高信息工作的层次及信息的质量和价值。

此外，对收集、整理的网络信息资源可进行深层次开发，根据用户的需要，将检索获得的各类信息分门别类，按照一定的主题进行过滤、分解与综合，编制成二次文献，形成满足特定用户需要的信息资源。还可利用软件实现与全球计算机的自动链接，对互联网服务器上的主页或文章等信息自动取回，并进行排序或索引，形成一个庞大的主页信息数据库，为用户提供所需信息。另外，还可采取在互联网上建立专业性的信息资源指引库的方法，帮助特定用户集中查找网络上的专业信息，这样可以大大节省用户的时间和成本。

（七）加强馆际合作，实现资源共建共享

随着网络通信技术的发展，很多信息资源可以通过网络检索、获取。用户可以通过联机目录查询所需文献的线索，再由馆际互借获得原始文献或复印件。还可以通过网上文献传递、网络信息检索、网络咨询以及电子邮件、远程登录等形式实现信息资源的共享。网络环境下图书馆信息资源建设，要转变观念，树立全局意识，把自身信息资源建设放在全市、全省乃至全国信息资源共建共享的大环境中考虑。各图书馆在整合自身信息资源的基础上，应积极参与信息资源的整体化组织与建设，形成信息资源分布式存储和管理、集成化"一站式"信息检索和利用的格局，包括共建网上数据库、联机编目、联合采购大型数据库等。通过深层次合作和信息资源共建共享，各图书馆可获取更大的外延馆藏，大大降低信息资源建设成本，提高资源利用率。

在"信息爆炸"时代，传统的信息源已经不能满足现代读者的信息需求。读者更重视图书馆的信息提供能力和质量。图书馆的服务工作应围绕一切为了使读者最有效地获取他们所需的信息而进行。高校图书馆应全方位、多途径收集、整理、开发和利用印刷型、电

子资源以及网络资源，形成本馆特色。同时，现代图书馆服务工作很大一部分需要现代化技术和设施的支撑。因此，加大计算机硬件、软件以及网络的建设和投入，加快图书馆自动化、网络化建设的进程，是图书馆拓展信息源的前提和保障。

第六节　创造服务对象研究

长期以来，高校图书馆信息服务对象一直主要明确指向校内教师、科研人员和学生。信息服务对教师在增加授课知识量，不断更新、深化教学内容，对科研人员和教师能及时掌握学科最新研究动态、明确科研方向等方面发挥着重要作用，同时对学生掌握和提高获取知识的能力，辅助毕业设计和毕业论文，培养和提高学生综合素质等也发挥了不可低估的重要作用。但随着网络和电子信息技术的发展提高，以及信息资源的日趋丰富，高校图书馆信息服务对象已经和正在发生着变化。

一、新环境下高校图书馆服务对象的变化

（一）校内服务对象的"社会化"

在以往主要为校内教师、科研人员和学生提供信息服务的基础上，学校各级各类人员各取所需、"钟情"于文献信息服务的局面已成现实。学校党务和行政管理人员需要随时了解和掌握各类相关信息，以便及时了解改革动态，跟上时代前进的步伐。就业和考研信息与学生在校学习和日后发展息息相关，自然成为众学子关注的焦点。普通工作人员只有自觉、及时获取相关信息，才能适应发展中的工作需要，就是一般工人，为了掌握最新技术也不得不与信息主动或被动地建立起联系。高校图书馆提供的各种信息服务，可以并已经涉及学校各类人员、各项工作的需要，已成为全校师生员工日益依赖的新知识源泉。

（二）服务对象广泛化

高校学科门类齐全，涉及社会各行各业，各类专门人才济济。高校图书馆专业设施良好，可提供的信息服务范嗣涵盖社会各个领域。高校图书馆可充分发挥自己的优势，主动根据各行各业建设和发展需求，分门别类地提供各类信息服务，以满足社会日益增长的信息需求。尤其是切实为当地经济建设提供有价值的信息服务。高校图书馆可充分利用自己丰富的信息资源，以及人才、技术、设备等方面的优势，在保证正常教学和科研的前提下，积极主动与当地企业联系，为他们提供必要的信息服务。随着各行各业、各界人士对信息资源认识的不断提高和事实上存在的紧密依赖关系，高校图书馆信息服务应树立立足本校、面向行业和社会的服务理念，积极扩大自己服务领域，为整个社会进步与发展发挥应有作用。

（三）网络环境下图书馆服务对象时空范围的扩大

新技术改变了图书馆在社会中的基本角色，图书馆作为社会的主要信息仓库和主要信息提供者，其服务对象将进一步扩展。

数字化图书馆的读者服务将因为突破空间限制而大大扩展服务对象。由于图书馆的网络化，读者可以不必亲临图书馆即可享受图书馆的服务。同时，由于图书馆网络是开放性网络，只要具备基本条件，在任何地方都可以进入图书馆网络，享受快捷完整的图书馆服务。图书馆服务突破空间限制以后，其服务对象的分布也将突破地域限制。图书馆服务对象将不仅仅局限于本校、本地区的读者群落，很可能扩展到整个社会甚至全世界，数字化图书馆的服务是国际化、全球化的。近年来'由于计算机网络的发展，信息的国际交流更快捷，图书馆界的国际合作也将更加广泛。

（四）"一切用户"观

图书馆服务的本质是为了利用，是为了一切用户的一切利用。长期以来，图书馆讲的读者服务是"凡利用图书馆所提供的条件进行阅读的人即为图书馆读者"。随着时代的发展，读者的内涵和外延正在或已经发生了变化，现在更多的讲的是用户服务。"用户"已经超越了读者的概念。过去问图书馆有多少读者，看发了多少借书证就知道了，只要是到图书馆来借书的和来看书的人都是读者。但是现在，用"阅读"限定的读者概念不能概括所有图书馆的服务对象。例如，有的人到图书馆来，不借书看书，只是寻求咨询，这一行为表现为"使用"图书馆的智力。有的人到图书馆，不为阅读或咨询，而是来参观图书馆，或到图书馆来休息一下，使用图书馆的环境资源和家具设施，这一行为表现为"使用"图书馆的物理资源。而且，对读者概念最大的改变是因为网络的出现，网上图书馆的发展，使图书馆用户不再限于本地，而是遍布天涯海角。假若外地的一个人，无论在美国的某一个角落还是在非洲的某一个角落，只要他点击了本地图书馆的网站，他就是图书馆的用户。网络时代，图书馆的用户到底有多少，不再是用借书证来统计或用到馆人数作为依据，现实的用户除了利用物理图书馆的人数外，还包括访问网上图书馆的人数。人人都可能成为图书馆的用户（潜在用户），用户服务已经突破了传统'读者服务"的人数、时间与空间的限制。图书馆应将社会的每一个人都作为自己的服务对象或潜在的服务对象，图书馆为所有利用图书馆的人服务。

二、创造服务对象

（一）变潜在服务对象为现实服务对象

所谓潜在服务对象是指具有利用图书馆的需求，但还没有使用图书馆的人。创造读者的第一步就是要把潜在服务对象变为现实服务对象。图书馆资源在没有被利用时，只有潜在的价值。尤其是图书作为信息、知识的载体，可以被反复利用，不像其他物质产品，使用后就会损耗，如一块面包，吃完了，这块面包就消失了，将潜在的服务对象变为现实的服务对象，可以最大限度地实现图书馆的价值。现实服务对象少了，图书馆的资源就会闲置，这可以说是资源的浪费。现代图书馆的服务，不能坐以等待，重要的是去吸引更多的现实服务对象。

潜在服务对象的存在是一种客观现象，其原因是多方面的。从图书馆服务的角度分析，主要有以下几种原因：图书馆工作缺乏主动性和竞争意识。图书馆是一种非营利性的公共事业，它的经费主渠道是靠单位拨款，读者的多少并不影响员工的收入，读者少反而落得清闲，这就导致他们不去主动创造服务对象。但是，读者占有率仍然是衡量图书馆工作质量的重要标准。其次，图书馆的管理者主要追求图书数量的最大化，追求检索工具的先进性，而忽视了追求服务的高效率。重硬件建设，轻服务的提高。硬件是看得见，摸得着的，而服务却是无形的，它不能储存，也很难准确评价它的好坏，因此，容易被人忽视。

针对以上原因，图书馆要变潜在服务对象为现实服务对象，必须更新服务理念，变被动服务为主动服务，变重藏轻用为藏用结合，提高工作效率。

首先，要宣传图书馆，主动展示自身的藏书、检索工具和服务模式，让读者了解图书馆。可以通过开设讲座、引导参观、放映介绍图书馆的录像等来推销图书馆。不但要介绍丰富的馆藏和先进的工具，还要介绍图书馆从以书为本到以人为本的服务理念，具有特色的服务模式。服务的有形展示主要展示服务的成果、服务的环境、服务设备、服务人员等。以良好的服务来吸引读者。

其次，以动态的思维营造读者。所谓图书馆要以动态的思维来开展读者服务工作，是指不仅能满足现实读者的要求，更要努力探索潜在读者的需求规律，不断吸引新的读者。只有改变陈旧的观念，跳出已有的思维定式，才会探查到潜在读者的需求。了解潜在服务对象，对潜在服务对象进行调查和分析，在此基础上进行个性化的服务。图书馆工作者不要只是"等待读者"，而应主动地了解读者，通过问卷、个别访谈、开座谈会等形式了解潜在服务对象的情况，有针对性地提供服务，将其潜在需求变为现实需求。

第三，为读者利用图书馆提供必要的学习条件。现代图书馆的检索工具都是现代化的，将计算机技术、现代通信技术、网络技术连接在一起。这种现代化的检索技术需要一定时间的学习才能掌握。读者要查找资料，需要具备检索知识。有的潜在服务对象因为没有学习过文献检索知识，没有使用现代检索工具的技能，而没有利用图书馆。因此，图书馆工作人员可以开设文献检索课、讲座等形式，对潜在服务对象进行培训，促使潜在服务对象变为现实的服务对象。

（二）变偶尔服务对象为经常服务对象

创造服务对象的第一步是将潜在服务对象变为现实服务对象，但现实服务对象利用图书馆的情况也是不同的。有的只是偶尔有利用图书馆行为，我们将之称为'偶尔服务对象"，而有的却经常与图书馆建立利用关系，可称之为'经常服务对象'。要充分利用图书馆资源，就应有更多的人经常地利用。所以，创造服务对象的第二步是将偶尔服务对象变为经常服务对象。偶尔服务对象的主要特征是利用图书馆的次数少，态度不那么积极，需求不强烈，经适当引导就可使他们经常利用图书馆。

正确把握读者需求的脉搏、变化、趋势是变偶尔服务对象为经常服务对象的重要依据。我们可以把读者利用图书馆分为两个层次：一般利用和知识利用。一般利用者没有明确的指向，需求也不稳定。此时图书馆可以良好的软件、硬件环境，丰富的信息资源和优质的服务留住读者。为了适应读者知识利用的高层次需求，图书馆服务应实现从信息管理向知识管理的转变。首先要对文献进行深加工，对信息进行整序、加工，使信息更加系统、规范，符合不同读者的需求，这是一种再创造，既客观地反映了信息的本质，又体现了图书馆工作者的聪明和才干，张扬了主体精神。其次，建立特色馆藏，使信息资源或读者服务具有特色。信息资源的特色主要体现在地域性或时代性方面，每个图书馆的所在地域均有历史文化积淀，有一批本地域特有的文献，做到人无我有，或人有我全。在信息资源共享的环境下，一个图书馆如果拥有特色的图书资源，将会吸引更多的读者。服务特色虽然属于"软件"，但它仍然是争取读者的重要因素。

（三）变一般服务对象为积极服务对象

潜在服务对象转化为现实服务对象之后，仍然存在着继续发展的过程。图书馆如果不能把握这个过程，现实读者还会逆转。因此，图书馆应开展丰富多彩的活动吸引读者，不断提高读者获取信息的能力，巩固服务对象。

发展和巩固服务对象的最高境界，是培养一大批读者积极分子。"积极读者"名称盛行于20世纪五六十年代，是指以读者身份直接参加图书馆服务和管理工作的社会成员。积极读者把被服务者与服务者统一起来，从深层次上揭示了读者与图书馆的关系，体现了以读者为主体的现代图书馆学思想。

实现现实读者向积极读者的转化，首先要对读者进行文献知识的培训，使读者了解和掌握图书馆信息资源的类型和特点，以及使用方法和条件上的特殊要求，努力提高读者的信息检索能力，为读者充分利用不同载体形态的信息资源打下牢固的基础。其次是帮助读者熟悉图书馆的业务工作和各项服务，吸引读者参与服务、参与管理，提高读者利用图书馆的自觉性和积极性。

总之，发展服务对象，培养一支积极读者队伍是依靠读者力量办馆的具体体现，其实质是促进图书馆事业的蓬勃发展。

第七节　拓展服务手段

随着现代技术的迅猛发展,全球网络化浪潮的兴起,一个以计算机技术、网络通信技术、光纤技术、数字卫星技术为主要信息传输载体的新的信息环境已经在我国形成。"信息高速公路"的建设和计算机网络的普遍应用,促使图书馆迈进了网络化的发展阶段。网络环境使传统图书馆的信息资源空间和服务空间得到拓展,并使传统的工作方式和业务流程发生了深刻变化。图书馆现代化建设是时代的要求,是社会发展的必然,图书馆通过不断拓展服务手段,使现代化图书馆功能得到更充分的发挥。

一、信息资源数字化

传统图书馆提供的信息资源包括印刷型书刊资料、缩微资料、视听资料等,都是静态、实体型的。随着电子信息资源的蓬勃发展,图书馆的馆藏载体、馆藏构成发生了深刻的变化。图书馆的资源由单一的印刷型向声像型、电子型等多媒体并存方向发展。

利用现代信息技术的微电子技术研制而成的电子出版物,如软盘、光盘,以其体积小、存储容量大、易携带、检索便捷等优点,改变了我国图书馆现有馆藏结构,完善了我国图书馆现有文献信息资源体系。利用扫描、复制技术,很多图书馆还将本馆印刷型资源数字化后提供给读者利用、保存。

数据库技术的发展,使日益增长的无序化信息资源,按照一定的数据结构规范化、标准化地分类贮存在微机上或磁盘、光盘中,使信息资源能够通过数据库得到更加科学、有效的管理,能及时准确地提供给读者查询、检索、阅读和使用。目前,数据库向多元化、多媒体化、服务界面智能化发展。而网络数据库,由于在信息资源服务技术方面较联机数据库和光盘数据库更具优势,因此,在未来图书馆业务发展中将呈现更强大的功能。

以网络为依托的图书馆,不再是封闭的馆藏体系,网络上可供利用的电子信息资源以及可以联机检索的其他馆的馆藏电子信息资源,以其分散性、丰富性、共享性构成了图书馆的虚拟馆藏,成为传统图书馆物理馆藏的一种强有力的补充,使图书馆可利用的信息资源得以极大丰富。网络环境下,衡量一个图书馆的规模标准,不再以馆藏数量、馆舍大小为主,而是侧重于文献信息的拥有范围和提供能力。图书馆的工作重点向收集(或组织)、处理、存储和提供利用各方面信息资源转移。通过网上电子信息资源的存取和本馆电子出版物及馆藏资源的利用,图书馆更加便捷地为读者提供内容丰富、形式多样的服务活动。目前我国许多图书馆均已建成各种多媒体阅览室或电子阅览室,使传统的服务手段,向着现代化电子文献服务手段转变。一些多媒体电子阅览室在加强自身业务建设的同时,也使新形式的、多样化的、可为读者文献信息需求提供电子化服务的技术措施得以有效推广。多媒体文献信息检索,在改变我国图书馆多年来传统性文献检索服务技术和手段,改变信息资源传输技术与模式，提高文献信息资源利用率和利用质量方面，产生着日益强大的功效。伴随着多媒体阅览室、电子阅览室的创建而提上图书馆现代化建设议事日程的图书馆多媒体数据库检索方式的构建，将成为图书馆业务新拓展的目标，这必将使图书馆文献信息资源现代化建设产生一个大的飞跃。图书馆将走上一条印刷型资源与数字化资源共存互补、协同增长的现代化发展新途径。

二、信息资源管理自动化

（一）图书馆设备现代化

提供先进的、人性化的各种设备。这些设备包括计算机网络终端，各种数据库、复制文字和光盘的机器设备，也包括常规的阅览设备和借阅设备，同时还有休闲和娱乐设施。

（二）信息组织、管理集成化

现代化的设备和网络通信技术的广泛应用使图书馆资源组织与管理自动化成为可能，并从联机编目、联机检索向大型图书馆自动化集成管理系统发展。图书馆自动化集成管理系统的普遍应用，不仅改变了图书馆的基本业务及技术手段，增强了我国图书馆各项业务工作的运行机制和运行功能，推进了图书馆信息管理和读者借阅服务的现代化进程，还使图书馆在推动社会经济发展，增进文化教育和传播科学知识等方面的功能和作用得到更加充分的发挥。

（三）主页设计人性化

目前，绝大多数高校图书馆都建有自己的主页，内容包括本馆概况、馆藏分布、开放时间、借阅规则、网上咨询、规章制度、电子资源、书目检索、学科导航、网络导航以及其他服务介绍。各馆主页设计都充分考虑读者需求和利用方便，设计合理、周到，界面友好。图书馆内通常配备大量在线目录查询机，另外还配有数十台计算机供用户自己查询网络数据库、光盘和电子期刊等，为用户提供了极大的便利。读者利用图书馆主页上的查询系统，在不同地方，从不同途径查询馆藏目录，进行网上图书预约、续借和下载所需资料，并查询个人借阅情况等。通过建立电子资源浏览系统，读者可以在图书馆设定的多媒体阅览室或利用个人终端检索光盘数据库及网络浏览，包括本馆经数字转化后的馆藏资源和电子出版物，也可以通过图书馆主页链接而获取的国内外书目、索引、文摘类文献和各种在网上订购或免费查询的资料库、电子期刊、电子报纸以及多媒体电子出版物等。服务对象不需要直接来馆，也不受开馆时间限制，可以通过电脑终端上网随时查询到所需要的资料。

传统图书馆大多都有自己特定的服务对象和相对稳定的读者群，图书馆的读者服务活动主要围绕"本馆"读者进行。电子计算机技术、现代通信技术和网络技术的应用将逐步突破图书馆之间的严格界线，未来图书馆是一种以电子计算机和通信网络联合起来的图书馆的集合，在这种网络化的文献信息交流系统中，每一个图书馆都是地区、全国乃至全世界信息网络的一个节点，每一个加入网络的单位和个人都可以利用网络系统内任何一个图书馆的文献信息。对于某一个图书馆来说，其所在网络系统内任何一个使用本馆文献信息资源的人都是自己的读者。因此，图书馆的读者群不再受开馆时间、地域范围的限制，数量、范围、群体变化都向开放式延伸，较之于传统图书馆，现代图书馆将承担更多的社会责任，发挥更大的社会服务功能。

在网络环境下，图书馆利用网络和现代化服务手段，加强了馆际间、区域间联系，建立了全方位、多元化的信息服务体系。使不同类型的图书馆在不同地区、甚至于在不同国别，通过四通八达的信息网络将不同读者与所需的信息资源连接起来。

三、服务方式现代化

传统图书馆的读者服务主要在两个层面进行，一是外借阅览服务，用于满足读者对印刷型书刊资料的一般性借阅需求；二是参考咨询服务，包括咨询解答和书目参考，主要通过手工操作方式指导读者利用图书馆，帮助读者检索、利用印刷型文献资料。随着高新技术的发展，特别是计算机技术、数字化技术、网络通信技术和多媒体等技术在图书馆领域的广泛应用，使传统图书馆的业务流程、服务手段发生巨大变化。

（一）借阅手段从传统手工操作向计算机应用方向发展

传统图书馆读者服务的绝大部分工作属于手工操作，借借还还，取书归架等，随着图书馆自动化集成管理系统的普遍应用，借还、阅览都实现了计算机管理。通过图书馆的自动化集成管理系统，读者可以查询馆藏目录、个人借阅情况，进行网上荐购、网上预约、网上续借等。图书馆通过自动化集成管理系统对读者的信息需求、利用馆藏情况进行统计、分析。随着资源共建共享的实现，读者通过联机检索查询到其他馆的馆藏资源，可以通过馆际互借、文献传递等方式远程获取。

（二）参考咨询网络化

随着网络通信技术的发展，图书馆在传统面对面参考咨询的基础上，网上参考咨询得到迅速发展。图书馆通过电子表单、电子邮件咨询、实时咨询等方式向读者提供高质量的、专业的、快速的参考咨询服务。

四、现代化服务手段对图书馆工作人员和用户的要求

（一）熟练掌握电子信息技术

信息技术的发展日新月异，网上联机编目、联机检索、馆际互借、文献传递、网上咨询以及系统分析和设计维护等都需要现代图书馆员和用户掌握现代信息技术。

（二）具备信息分析、处理能力

网络环境下，可以联机检索的信息资源和其他网上信息资源浩瀚如海，要在海量信息中快、精、准地获取所需的有用信息，需要图书馆员和用户具有科学的思维方法和分析研究能力，对大量无序的信息进行筛选。

（三）具有一定的外语能力

网络环境下，世界信息资源共享程度越来越高，大量的信息从世界各地传来，如果没有一定的外语水平，根本无法采集、消化、吸收信息，更谈不上开发、利用信息资源了。

总之，无限发展的网络环境，给现代图书馆带来了勃勃生机，不仅拓宽了图书馆的馆藏内涵，也极大提高了图书馆的信息服务能力，实现了图书馆人多年的梦想。当代图书馆人将更加努力，积极探索，以知识为底蕴，以网络为依托，为图书馆的发展开创出崭新的局面。

第八节　深化教育培训

读者培训，也称用户教育，是指图书馆和其他文献信息机构开展的培养读者信息意识，提高信息资源利用能力的教育。具体是指图书馆和文献信息机构有计划、有目的地向读者传授图书馆知识、馆藏结构和服务内容，帮助读者了解信息资源及获取方法。其目的是为了提高读者的信息意识和利用能力，使读者服务工作高效化、合理化，促进图书馆信息资源的广泛利用。

由于电子信息资源的不断增多和互联网信息资源的引入，当今图书馆读者面临的更多的问题是各种信息资源的迅速获取和有效利用。因此图书馆应针对不同层次的读者开展各种专业知识和信息技能的培训，如计算机操作技能、光盘检索技术、常用数据库介绍、网上文献检索查询、下载复制技术等，通过这些培训，可以帮助用户掌握网络环境下检索、获取、利用信息的技巧，提高用户的现代信息意识和信息技能。这是今后图书馆读者服务工作的一个重要项目。

一、深化读者培训的必要性

（一）信息媒介及信息资源对信息检索提出了新的挑战

首先，伴随网络化和数字化而产生的大规模、多类型、跨地域、非线性的信息资源，是对原来相对集中和规范的传统数据库资源的突破性发展。对于这一新型信息资源，手工方式自不必说，现有计算机处理方式也已多半不适用，需要发展崭新的自动化信息组织和管理方式。

其次，信息资源的分散、无序和更迭消亡难以预测。信息源的无政府状态迫使人们更改相关性判断的概念和标准，用户无法判断网上有多少信息同自己需求有关，查全率等检索评价标准需要重新定义，浏览、查询、阅读、选择等功能比预期目的检索更为迫切和实用。一些持"网络万能论"的读者计算机知识丰富，驾驭网络的能力很强，但他们欠缺的恰恰是信息检索方面的基本知识和技能，他们找到的网络信息，可能在权威性和准确性上尚存疑问，信息的检全率、检准率、获取速度是远远达不到要求的。这些人需要图书馆工作人员给予帮助和指导。另一类读者计算机知识欠缺，网络运用能力差，外语水平不过关，面对 Internet 这个庞大、复杂、无序的信息源，感到力不从心，他们在网上花费大量的时间和精力，却收效甚微。

最后，信息内容特征抽取更加复杂化。传统信息检索大都以结构化文本内容特征来组织索引工具，而网络信息除文本信息外，还有图表、图像、声音、影视等信息，需要研究多媒体信息内容特征的表现和抽取索引的手段，并在时效、自动化实现、成本等方面具有实用价值。

（二）从信息组织到知识管理对信息检索提出了更高要求

国内学者认为，从信息到知识是一种内容上的升华，从信息组织到知识管理同样是一种组织层次上的提高。人类的认知就是建立在对数据、信息和知识的分析和组织基础之上的。知识的增长是堆积的，并不是与信息的增长同步。但由于核心知识、外围知识和虚假知识鱼目混珠，致使知识存贮无序化，给人们利用知识带来困难。信息污染造成知识存贮无序化，知识存取无序化又推动信息污染，就是这种循环阻碍了对知识的有效利用。如果不对这种恶性循环加以遏制，势必导致知识存取无序化的进一步加剧。因而，知识管理具有重要的现实意义和理论价值。知识是信息中的一部分，是经过提炼的那部分信息。对于人类社会的发展和人类文明的延续而言，信息组织不可或缺，知识管理更是最终的目的所在，后者以前者为基础，而前者以后者为发展目标。

（三）读者信息需要的全方位、个性化

随着科学技术的发展，知识量的激增，学科的交叉渗透，学科的综合性、整体化越来越强。用户对信息的需求往往是多方面的，内容涉及众多的科学领域，既有教学、科研、生产方面的，又有社会、娱乐方面的需要。形式上既需要公开出版发行的书报刊，又需要非公开发行的，包括会议文献、学位论文以及网上聊天和电子邮件等在内的"灰色文献"。形态上不仅需要文字符号信息，而且需要图像、声音等方面的信息。时效上既需要动态的，也需要回溯的，区域上既需要本地的、国内的，又包括外地、国外的。这些充分体现了读者信息需求的全方位、多层次性。网络化的信息资源在给人们创造了无限信息资源的同时，也带来了信息混乱、无序状态。当人们在信息极大丰富的冲击下逐渐冷静下来时，检索获取有效信息困难，尤其是获取科学技术专深信息困难的问题极大困扰着读者。

在网络环境下，用户不再认为信息愈多愈好，而是对信息更多地趋向专业化、个性化，

更多得是为了吸取有价值的知识信息，希望得到直接的、实用的信息。同时对信息的新颖性和时效性越来越注重，更讲求信息质量的时效性，信息需求的高效化，要求信息处理能力和信息服务快速、高质。

二、深化读者培训的内容

（一）培养读者的信息能力

传统的'技能'一般指一个人的读、写、说的能力以及适应社会和工作所必要的计算和解决问题的能力。与传统能力概念相比，信息技能的外延更大，特别注重知识和技能的结合。它包括了传统能力、计算机能力、网络能力与多媒体能力，它是指多种能力的相互渗透及综合运用。内容包括：认识网络信息的内容和目标，了解网络信息的组织标引与管理要素，懂得信息网络构成与网络数据库服务。学习网络信息的检索策略与评估方法，建立自身的信息交流网络，尝试网络信息的编辑与发布。认识和使用各种不同的网络信息资源，如：网上非正式交流资源，各种类型的数据库，多种渠道的电子期刊，数量惊人的电子图书与报纸，联机系统与虚拟图书馆，网上商情信息与商务网站，社会科学手工检索工具书举要及相关数据库目录等。

（二）加强读者的网络技能

首先应认识网络环境下信息的特征，其次是掌握网上信息处理技巧。即如何定义要解决的问题，如何进行信息搜寻，如何确认信息并进入数据库资源，如何下载和合成信息，如何评价所得到的信息等。要掌握使用的方式，如电子邮件（E. mail）、新闻组群（Usenet）、邮件订阅（Mailing List）、远程登录（Telnet）、文件传送（FTP）等，查询工具有 Gopher、WAIS、WWW 等。应用的范围包括咨询、讨论、分享、展示、反馈等。

（三）加强读者的信息素质教育

一方面，读者需要重新认识图书馆，学会利用现代化的图书馆。需要熟悉图书馆不断更新的服务项目和内容，掌握各种检索方式和各类数据库应用系统。如对中国学术期刊数据库、中文科技期刊数据库、超星数字图书馆、书生之家数字图书馆等数据库的检索利用等。另一方面，随着信息化建设的不断推进，校园信息网络及图书馆自动化建设的完善，读者上网操作越来越方便，因此，要求读者不但要掌握计算机知识，学会使用图书馆计算机网络系统，还要掌握情报检索知识及使用计算机获取信息的方法，这样才能迅速获取和有效利用信息资源。

三、扩展读者培训的方式

（一）高校图书馆对读者的教育可采取的方法

其方法有：①改革文献检索课教学，在文献检索课的授课内容上加大计算机检索及网络信息知识方面的比重，培养学生的信息查找能力。②举办计算机应用技能、网络知识等专题讲座，尤其要培训对图书馆 OPAC 查询系统、数据库资源以及互联网的有关使用方法。③结合本馆实际编制网络用户手册，内容要简洁明了，针对性强，易学易用。④组织学生参观图书馆，告诉他们如何利用图书馆，了解图书馆的藏书结构、文献布局及利用检索系统查找文献的方法等。⑤加强网络读者咨询，及时解答读者提出的问题。

（二）合作进行用户教育

由不同经历的馆员合作对用户进行培训教育，如由熟悉用户的心理专家、善于各类查寻的检索专家及懂得专业背景知识的图书馆员一起，联合对用户进行培训。

（三）改革读者培训，发展网络教育

除已有的灵活多样的短时间 (1 ～ 2 小时) 按专题的现场读者培训外，把更多的咨询信息和培训内容制作成网络课件，放在网上。发展互动式多媒体用户教育，用户可与多媒体进行交互，甚至可对其进行增减或修改，它能控制学习的过程和所花费的时间，从而改善用户教育。

坚持‘读者第一，服务至上”的服务理念，采用科学管理方法，运用现代化技术，拓展新的服务领域，以人为本，培养优秀的图书馆人才，为读者提供优质、高效的服务，是图书馆一切工作的重点和核心，也是图书馆提高自身竞争力，迈向现代化的必由之路。

第七章 图书馆资源的整合、开放与服务创新

第一节 图书馆异构系统的整合

图书馆数字信息资源整合研究起始于20世纪90年代后期，近年已成为图书情报界的研究热点。信息资源的整合是将分散在异构信息系统中的异构信息资源进行优化和重组，生成一个逻辑上虚拟的系统或者一个实际的物理整合系统，这个系统更加有序化、智能化、综合化。用户通过统一的用户查询界面，可共享异构信息资源，得到一站式的集成化、个性化的信息服务，影响数字信息整合的因素很多，各种因素之间相互影响并且相互制约。具体表现在信息整合即受到社会经济、知识产权、法律人文方面等的影响，同时在技术层面上也必须要克服异构信息系统的数据具有自主、分布、异构和语义差异的特征。实现系统资源整合必须要能够实现异构系统数据之间的传递、交换和理解，也就是实现异构系统彼此之间的互操作。

互操作是数字信息资源整合的关键技术，是指两个或多个系统相互使用已被交换的信息的能力。在数字图书馆领域，互操作通常用来具体描述同一数字信息资源库的各个组件或不同数字信息资源库之间交换、共享文档、查询和服务的能力。因此，实现异构系统之间的互操作是图书馆异构信息系统整合研究的关键所在。本节将从异构信息系统互操作的多个层次予以分析研究。

一、信息资源整合的体系结构

信息资源整合的体系结构分为3个层次，自上而下即：用户表现层、中间应用层、数据资源层。

用户表现层的整合对象是针对信息源，根据用户需求，按照一定的规则和标准，把零散的、分布存在的信息源进行逻辑组织和导引，把合理组织的信息集合呈现在用户面前，方便用户准确快速地定位到目标信息。表现层整合实现相对简单，整合的结果比较清晰，但只停留在信息源表层的信息揭示，不能挖掘深层的知识关联。

中间应用层的整合是一种逻辑整合方法，通过中间件等技术把用户的查询请求转换成相应信息系统的查询语言和检索方法，分别对各个数据资源系统发出检索请求，然后将各个系统返回的命中结果经过处理后在同一界面上呈现给用户。应用层的整合在一定程度上

解决了各个信息系统之间存在的内容交叉、各自孤立等问题，但也只是对信息系统之间的异构性表面的屏蔽。要从根本上解决信息系统之间的异构性必须要实现数据资源层的整合。

数据资源层的整合是解决信息交换中数据信息语法层面异构的问题。由于不同系统通常采用不同的数据表示方式和存储方式，使得各个子系统的数据形成孤立难于交互，数据资源层的整合就是使异构系统能识别和处理来自彼此的信息，实现异构系统中的数据能够直接交互，从而实现不同位置、不同语法、不同结构的信息的无缝链接。

在信息检索的整个过程，语义的表达贯穿其中。语义的描述是数据能被计算机正确理解和推理的基础。但是，由于不同主体对现实世界有不同的理解和不同的表达方式，而现实世界又有不同领域之分，不同领域会遵循不同的规则，使用不同的术语和词表、命名方式、数据结构、句法结构等，必然导致不同系统存在语义差异的问题。数据语义层的整合就是解决异构系统数据语义差异的问题。实现在语义层次的互操作是系统整合的最高层面，从根本上解决了不同系统数据异构性的问题。

二、信息系统互操作策略研究

（一）用户表现层整合的互操作研究

用户表现层的整合主要针对信息源，信息整合是并非建立与传递信息，核心内容是资源评估与选择，信息组织与分类。其主要实现方式有信息资源导航、指引数据库、集成搜索引擎等。

1.信息资源导航通过收集各个异构信息系统的大量的信息地址，运用分类法或主题法从逻辑上将这些地址进行有效的关联，以一定的标准秩序呈现给用户，提供导航服务。

2.指引数据库不存储具体的信息资源，但对其访问可以指引用户到达特定地址获取所需信息的数据库，是经常使用的信息资源组织方式。用户使用指引库查询信息可以通过层层浏览的方式，直至查到最需要的信息线索，再通过信息线索链接到相应的网络信息资源。

3.集成搜索引擎是一个在互联网界面上链接若干个独立的搜索引擎，一次检索输入、多引擎同时搜索，搜索结果以同一界面呈现给用户。

用户表现层整合使得各个异构信息系统的数据资源形成表面的、浅层次的关联。要挖掘深层的知识关联，必须深入到应用层和数据层的整合。

（二）中间应用层整合的互操作研究

中间应用层的表现形式是各类应用系统，用来完成数据的加工、存储、组织、发布、管理、检索、服务等。应用系统的实现必须要克服不同系统由于软硬件、操作系统等不同引起的系统异构问题。异构系统互操作前提条件是实现系统彼此无障碍的通讯与互联，目前采用以下互操作技术来实现。

1. 跨平台支持。异构环境下系统互操作的核心问题是实现异构系统的数据交换，CORBA 和 DCOM 是满足这一要求的高级协议。CORBA 作为一种主流的分布式对象技术，是以平台无关的、语言独立的分布式异构软件互操作的标准，它可屏蔽底层硬件、操作系统和网络协议的不同，实现分布式、异构系统、不同代码、不同计算环境下的对象实例间的通讯。COM 即组件对象模型，是一种以组件为发布单元的对象模型，这种模型使各软件组件可以用一种统一的方式进行交互。DCOM 是 COM 的扩展，它可以支持在不同计算机上的组件对象与客户程序之间或者组件对象之间的相互通信，不论这些计算机是在局域网内、广域网上或者 Internet 上，从而实现异构系统之间的数据交换。

2. 中间件技术。中间件通常指位于操作系统和分布式应用系统之间的软件层，管理计算资源和网络通信，实现分布式软件模块之间的交互。中间件作为一种独立的系统软件或服务程序，具有标准的程序接口和协议，可以运行于多种硬件和操作平台，支持分布计算，提供跨网络、硬件和操作平台的透明应用和交互服务，屏蔽操作系统或网络协议的差异，实现分布式异构系统间的互操作。

3. Web Service 技术。Web Service 是分布式对象技术在 Internet 中的延伸。Web Service 就是以 Web 环境为基础，在各种现有异构平台的基础上，构筑一个通用的、与平台无关、与语言无关的技术层，依靠这个技术层来实现各种不同平台的连接和集成。Web Service 结合了分布式对象技术和 Web 技术的优势，采用面向服务的体系结构，它以 XML 作为数据描述和交换的标准，以 WSDL 作为服务的描述语言，以 UDDI 作为服务的注册和发现机制，以 SOAP 作为交换信息的协议。Web Services 技术日益成为未来分布式环境较为理想的解决方案。

另外，网格技术、移动 Agent 技术、P2P 技术等也为实现异构系统数据交换提供了不同的解决方案。

中间应用层互操作解决异构系统的数据传输层面的问题，实现异构系统的数据交换和传输。通过实现中间应用层提供的各种应用服务，从内容上实现对分布异构资源的深度交叉和关联。

（三）数据资源层整合的互操作研究

数据资源层的整合要求异构信息系统必须能够识别和处理彼此的信息，也就是要解决信息交换中数据语法层面异构的问题，主要通过元数据的互操作来实现。

1. 通过建立统一的资源描述标准来实现数据层的互操作。为了实现异构信息系统的数据具有互操作性，简单的方案是要求不同系统采用一个统一的信息资源描述标准。元数据是描述信息资源的一种结构化数据，是用来描述信息资源或数据本身特征和属性的数据。元数据可以有统一的元数据标准，在特定领域内建立统一的元数据集标准，如用于描述书目数据的 MARC 元数据；描述档案文献和手稿资源的 EAD 元数据；描述政府信息资源的 GLIS 元数据；描述教育资源的 GEM 元数据等。这种标准化的元数据集为异构信息系统提供了一个基准方法，使得在此基础上构建的异构系统能够超越数据语法层面上的差异，实现彼此之间的数据资源的交互，从而实现数据资源层面的互操作。

2. 通过不同描述标准的转换来实现数据层的互操作。特定领域的异构数据源可以通过采用元数据的统一描述来实现系统之间数据的交换。但不同的领域往往存在多个不同的元数据格式，要实现不同元数据格式表示的异构系统之间的数据交换，必须要实现多个不同元数据格式的解读和转换。目前元数据互操作的主要途径有：

（1）格式映射：可通过格式映射实现不同的元数据格式的转换，例如 Dublin Core 和 USMARC 之间的转换。这种方案坚持不同领域的系统独立的原则，将互操作的机制转移到系统之外，通过外部协调机制来实现系统的互操作。其优点在于各个系统能保持自主性，可互操作的系统在数量和种类上能有较大的成长空间；缺点则是要为每一种加入互操作的系统设计其外部协调机制，当系统数量过多时，任意两种元数据格式都要实现转换。因此，实现过程有其很大的局限性。

（2）标准描述框架：这种方案通过建立一个标准的资源描述框架，用这个框架来描述所有元数据格式。只要一个系统能够解析这个标准描述框架，就能解读相应的元数据格式。XML 和 RDF 从不同角度起着类似的作用。XML 通过其标准的 DTD/Schema 定义方式，能够解读 XML 语句的系统就能够辨识用 XML-DTD/Schema 定义的元数据格式，从而解决了对不同格式的释读问题。RDF 定义了由资源、属性和陈述组成的基本模型，通过这个抽象的数据模型为定义和使用元数据建立一个框架，它为元数据提供了一个可操作的载体。这种体系结构通过对通常意义上的语义、语法和结构的支持，从而提供了在各种不同的元数据体系结构之间的互操作性。

数据资源层整合对象是元数据，通过元数据的互操作，实现异构信息系统的数据资源层面的整合。对于半结构化和非结构化的数据，也是先建立其元数据的数据库，然后再实现其整合。数据资源层的整合可以解决有异构数据源之间的分布、异构、内容交叉等问题。

（四）数据语义层整合的互操作研究

实现在语义层次的互操作是系统整合的最高层面，也是系统整合的关键和难点。元数据可在一定程度上解决数据语义差别问题，本体技术将有可能彻底解决数据语义差别的问题。

1. 通过 DC 元数据实现语义层次的互操作。为解决系统整合时多种复杂的元数据体系并存的状况，OCLC 提出了一种通用的简单的元数据方案即 DC 元数据，把它作为一种"最小公分母"的语义互操作解决方案，将不同的元数据格式转换成一个共同的格式进行储存和索引。DC 因其包容性强，其他语义更丰富的元数据体系可以映射到 DC 中。在开放文档元数据采集协议 OAI-PMH 中，各种交互的元数据可以通过转换成 DC 格式进行元数据的交换。具体来说，OAI-PMH 提供了一个采用 XML 语言的元数据互操作框架。该框架可以提供数据，即建立和维护元数据，并按 OAI-PMH 的要求将元数据暴露给外界；也可以提供服务，即从众多的 OAI 数据提供者那里通过 OAI-PMH 收割元数据，对动态 OA 数据、静态 OAI 数据和其他非 OAI 数据进行整合，以统一的格式为用户提供增值服务。这种方案并不要求异构系统遵守同一个协议，而是在允许原有元数据结构存在的基础上，要求所有元数据的提供方都支持以 XML 语言表示的简单 DC 元数据结构，就可实现不同格式、不同标准的元数据在语义层面上的互操作。

2. 通过本体实现语义层次的互操作。本体技术通过对术语的严格概念定义和术语间的关系来确定术语的精确含义，用于表示共同认可的、可共享的知识，从而产生计算机可理解的语言。因此，本体是解决语义层次上的信息交换和共享的基础。

本体作为一种共享概念的形式规格描述，明确定义了概念以及概念之间的关系，并通过框架逻辑或描述逻辑等形式化系统提供推理。通过描述和表示特定领域中的概念以及概念之间的关系，本体能够准确定义该领域中各个概念的语义关系，为领域知识的描述提供术语，从而确定某一领域的基本知识体系，表达该领域中的公共知识。由于本体具有良好的概念层次结构和对逻辑推理的支持，所以能够从语义层面解决数据之间的异构性。

目前，语义互操作方案只能在一定程度上解决语义异构的问题。由于不同的元数据标准有其特定的学科或行业背景，因此元数据体系的语义的互操作必然不能通过简单的映射就得到根本的解决。本体虽然为语义互操作提供了解决方案，但本体也存在着异构性，也需要解决不同本体间映射的问题。因此，语义互操作性问题的彻底解决有赖于高层互操作协议，包括元数据交换协议和相关本体标准的建立。要完全解决语义的差别，实现语义的互操作，需要下一代互联网即语义网建立之后，通过本体的技术才能得到真正的解决。

图书馆异构信息系统整合要实现各个异构子系统的互操作，涉及多个层次、多种复杂因素，整合异常复杂，难度很大。现有的技术对于实现具体的、个别的异构系统的互操作是可行的，但要建立普遍意义的互操作规范，尚有很大距离。实现真正意义上的异构信息系统的整合必须要实现数据语义层的互操作。但是，由于语义在各个元数据标准之间的差异较大，实现语义层面的互操作最终只能将通过语义网的本体技术得到根本的解决。因此，语义层的互操作仍是图书馆信息系统整合研究的难点和重点，以后相关的研究仍需加强。

第二节　图书馆的毕业季服务创新实践

近年来，各个高校在利用互联网创新读者服务方面不断翻陈出新，开设网络新生教育课程、各种形式的阅读推荐，但是很少提供针对毕业生的服务。实际上，毕业生离校时更需要学校的人文关怀，让毕业生带着对图书馆的温馨记忆和美好祝福离开母校，是一件很有意义的事情。为了加强毕业生与图书馆之间的感情联系，探索满足毕业生高层次心理需求的服务模式，华东师范大学图书馆于 2013 年 6 月推出了毕业生在校期间利用图书馆的纪念册系统——"校园记忆之图书馆生活"（以下简称记忆系统），它反映了每位毕业生在校期间利用图书馆的情况，并且加入了社交网络元素。最重要的是，它为毕业生提供了"校园记忆"的永久保存，受到了毕业生的广泛关注与参与，创新了满足毕业生高层次心理需求的服务。截止到 2009 级毕业生离校（2013 年 7 月 2 日），记忆系统的统计功能显示，其在短短两周时间就被访问了 5627 次，305 名毕业生将其分享到新浪微博，同时在腾讯微博、腾讯空间及人人网的分享与讨论也很多，引起了社会的广泛关注接下来我们了解一下图书馆毕业季服务建设的总体思路、功能规划、系统实现以及应用反向。

一、总体思路

记忆系统通过呈现每一位毕业生的图书馆生活，拉近了毕业生与图书馆的距离，提升了毕业生对图书馆的认同感、亲切感。其整体思路是对毕业生在校期间留下的数据进行挖掘并获得所需数据，将事先制定好的规则与挖掘的数据融入编写的文案中，依据文案开发系统，在已有详细的流通数据基础上，本节重点从表现形式方面叙述该系统的实现。该系统采用分层的实现方式，整个系统的设计主要分为 5 个方面。

（一）文案设计

记忆系统文案设计的目标是抓住毕业生的青春气息，迎合毕业生的感情需求。该系统的文案用第一人称的角度讲述一位毕业生从入学到毕业的过程，介绍每位毕业生第一次到馆时间、每一学期到馆天数和借书册数、到馆总天数、借书总册数并分析毕业生的阅读倾向等。

（二）规则支持

记忆系统根据不同类别的读者显示不同的用户界面，同时还根据毕业生到馆情况、借书情况等信息，为每位毕业生呈现出个性化的"图书馆记忆"。为了达到这个目的，笔者制定了如下规则：

1. 判断读者类别：读者的类别分为非毕业生、硕士毕业生、本科毕业生三类。如果是非毕业生，该系统只显示一张静止的图片，并告知这个系统不针对非毕业生开放；如果是研究生毕业生，该系统中的在校时间段为三年，学期数为六；如果是本科生毕业生，在校时间段为四年，学期数为八学期。

2. 判断到馆情况：如果毕业生从未来过图书馆，该系统则显示一张表示遗憾的页面。有到馆记录的毕业生，该系统则呈现毕业生到馆数据，并将毕业生到馆情况分为十个级别，用十种到馆称号幽默地表达。

3. 判断借书情况：对于从未借书的毕业生，该系统只呈现一张遗憾的页面；对于有借书记录的毕业生，该系统根据其借书的总册数将其分为十种级别，每种级别对应一种称号。该系统能够分析毕业生借阅历史中所借图书的类型，并对其借书类型进行归纳、分析，从而判断毕业生借的哪一学科的图书最多，以确定毕业生是哪一种阅读特质的读者。

（三）数据挖掘

毕业生在校期间在图书馆留下的数据有入馆时的闸道机数据和在图书馆借书的借阅数据，这也是记忆系统的主要数据来源，系统通过对这两方面的数据汇总，统计出每位毕业生到馆与借书信息，分析毕业生的借阅倾向。

（四）数据安全

读者留在图书馆的数据是读者的个人隐私，未经读者同意，公开读者的图书馆数据可能会泄露读者的个人隐私，造成不好的影响。记忆系统将毕业生的个人数据嵌入到"个人图书馆"账号中，毕业生通过自己的图书馆账号验证后才可以访问该系统，并且该系统有分享功能，对于信息保密或者分享完全由毕业生自己决定，这样设计使该系统灵活、自由，同时又最大限度地保护了毕业生的隐私。

（五）系统架构

记忆系统采用分层的方式来实现，共有四层，分别是表示层、应用层、业务层与数据层。表示层主要是指浏览器端，实现与用户的交互，将笔者设计好的文案通过网页显示出来；应用层主要负责传送 http 请求，并将用户的操作发送到业务层；业务层负责对毕业生的操作进行处理，通过毕业生图书馆账号在数据库中检索对应的图书馆信息；数据层由本地数据库提供，负责数据的存储与管理。

二、功能规划

记忆系统的功能主要是形象、生动地呈现毕业生的图书馆生活，并永久保存毕业生的"图书馆记忆"。根据图书馆为读者提供的服务，该系统的功能主要有两个方面，即记录毕业生到馆情况与借书情况。作为一个完整的系统，记忆系统的模块还包含封面、阅读倾向、提醒服务、图书馆祝福及分享模块，根据系统呈现的顺序，笔者依次、详细介绍各个模块的功能。

（一）封面

该系统显示一张"图书馆记忆"封面图片，包含毕业生的姓名与在校的时间段。如果是非毕业生，则说明该系统只针对毕业生开放。

（二）到馆情况

①第一次到馆：通过一张图片呈现毕业生第一次到馆的时间、地点及距离开学报到的时间。②到馆总天数：统计毕业生在校期间在图书馆度过的总天数与在校的总天数，并且动态生成一个到馆指数与称号。该系统制定的到馆指数共分为十个等级，用 5 颗星表示，

每增加一个等级增加半颗星，如果五颗星全满，就给毕业生一个"泡馆达人"的称号。③每学期到馆天数：动态生成毕业生在校期间每学期到馆天数的柱形图，生动、形象地呈现毕业生每学期到馆情况，由于本科生与研究生的学期数量不同，柱形图的横坐标数也需要动态变化。

（三）借书情况

①借的第一本书：毕业生在何时何地借的第一本书及其书名。②借书总册数：统计毕业生在校期间借书总册数，并且根据毕业生借书总册数在全校毕业生中的排名，将毕业生分为十种类别，并赋予不同的称号，如"阅读状元""阅读榜眼""阅读探花"等。③各学期借书情况：动态生成毕业生在校期间各个学期借书册数的柱形图。

（四）阅读倾向、提醒服务、图书馆祝福

①根据对毕业生借书类别的分析，挖掘毕业生的阅读倾向。②提醒毕业生下载自己的借阅历史；提醒毕业生注册读秀，注册后毕业十年内还可以继续使用母校图书馆的电子资源。③用一句名言激励毕业生，鼓励他们带着母校的祝福开启新的人生篇章，同时也将其作为结尾。

（五）分享功能

社交网络已经渗透到生活的各个方面，它也是读者交流感情的重要平台。为了让记忆系统更具影响力，笔者在该系统中增加了与社交网络互动的功能，利用系统的分享功能，毕业生可以很方便地将自己的"图书馆记忆"分享到熟悉的社交网络上，晒出自己的图书馆阅读与生活报告，该系统的分享模块还有一个功能就是保存毕业生的"图书馆记忆"，毕业生离校后，就不能再进入"个人图书馆"，无法再访问到自己的"图书馆记忆"，但是其被分享到社交网站之后，网站系统会自动保存网址，这个网址对应的网站就是毕业生的"图书馆记忆"。因此，记忆系统并不会因为毕业生离校而关闭，其分享功能可以起到永久保存的作用。

三、系统实现

在已有的流通数据基础上，实现数据呈现的方式有很多，如静态网页、动态网页或者客户端。考虑到毕业生的青春气息，笔者采用交互性强、表现形式生动、活泼的 Flash 呈现方式。该系统采用 Flash+asp+access 的开发技术，Flash 实现数据呈现，access 存储处理好的读者数据，asp 负责 Flash 与 access 数据库的通信。Flash 的开发工具是 Flash Pro CS6，系统发布环境为 tis+.net framework 2.0。

（一）系统概要

毕业生通过登录"个人图书馆"访问记忆系统，笔者在其超链接中嵌入毕业生的图书馆账号，通过超链接跳转到该系统的网站时，网站会获取"个人图书馆"超链接中的毕业生图书馆账号，并将其存储在网站的 session（网站用于临时存储用户信息的对象）中，后续所需要的数据都是根据存放在 session 中的毕业生图书馆账号，在 access 数据库中查询获得。

记忆系统最终呈现给用户的是 11 张包含毕业生信息的图片，并通过 Flash 搭建了一个包含 11 张图片顺序播放的框架。该系统将每一张动态展示的图片都做成一个影片剪辑，利用 Flash as2.0 语言动态加载这些包含图片的影片剪辑，并实现按照顺序依次播放。此时该系统中所有的图片都是可见的，笔者利用 Flash 的遮罩，让 Flash 的当前页面每次只显示一张图片。

（二）asp 为 Flash 提供数据

记忆系统采用 ODBC（Open Database Connectivity，开放数据库互联）的方法来连接数据库，用 access 来存放数据，用 asp 读取数据库中的数据，并将数据发送给 Flash 程序接收。

（三）Flash 获取数据库中数据

在记忆系统的 Flash 中包含 11 张图片，这 11 张图片需要能够动态地显示不同毕业生的不同数据，并与 access 数据库交互。因此，该系统将每一张图片转化为 Flash 影片剪辑，每个 Flash 影片剪辑都通过 asp 程序动态地与 access 数据库交互，以获取 access 数据库中的毕业生信息。Flash 获取 access 数据库中数据时需要用到 Flash 中一个很重要的函数 LoadVars，它使 Flash 具备获取外部数据的能力。

（四）Flash 与数据库的交互

笔者以通过柱形图展示毕业生借书信息为例，说明 Flash 在这一步中读取数据库中数据和画柱形图的两个功能。Flash 根据获得的数据，画出柱形图，柱形图的坐标轴直接画在 Flash 中，根据本科生或者研究生调整横坐标轴的长度。在柱形图中，每个学期借书的高度根据借书册数调整，借书册数最多的学期，其柱形高度最高，并且撑满整个纵坐标轴的高度，其他学期的高度根据借书册数最高的学期等比例调整，以保证柱形图的美观。

（五）分享到社交网络

记忆系统的分享功能采用百度分享来实现。百度分享功能可以将该系统的网页分享到新浪微博、腾讯微博、QQ 空间、人人网、豆瓣等，同时还可在百度中宣传该系统。在分享的过程中，该系统会自动 @华东师范大学图书馆、@华东师范大学，这种方法可以扩大记忆系统的宣传范围，还可以加入社交网络的趣味性与互动性元素，同时还能将分享添加到微博话题"# 校园记忆之图书馆生活 #"中，通过此微博话题，图书馆可以方便地查看所有毕业生对该系统的评价、转发，统计其在网络上的活跃度。

四、应用反向

记忆系统界面美观、大方、交互性强、设计新颖、访问流畅，其主题抓住了青春气息和时代旋律，与毕业生产生了共鸣。华东师范大学网站关于该系统的新闻在不到一周时间内就被访问了 1000 多次。截至 2013 年，记忆系统的用户数量为 1368 人，其腾讯微博的阅读次数为 1941，分享到新浪、腾讯微博、人人网的次数为 403，从这些数字中可以看到该系统的受欢迎程度。

记忆系统推出以后，收到了很多的赞美与表扬，华东师范大学图书馆新闻网站的留言板上有很多毕业生感谢母校的留言。在分享到新浪微博与腾讯微博的"# 校园记忆之图书馆生活 #"话题中，毕业生之间相互转发彼此的"图书馆记忆"，表达对图书馆的喜欢与回忆，在分享的评论中满满的都是对图书馆的感激，如"太有爱的数据""冷硬心肠如我看过之后也有莫名伤感、激动的心情"等，这也是对图书馆工作的鼓舞。

互联网已经成为大学生学习、生活的重要组成部分，记忆系统抓住这一特点，对毕业生的借阅历史与到馆次数进行数据挖掘，通过设计精美的页面和互动性强的网络开发技术与学生积极互动，创新了图书馆的传统服务模式，吸引了毕业生的关注、参与，既起到了扩大宣传图书馆服务的作用，也拉近了图书馆与毕业生的距离，给毕业生留下了美好的回忆，增加了毕业生的归属感。这是华东师范大学图书馆对读者数据挖掘的一次尝试，也是将读者数据与社交网络结合的一次创新，取得了广泛的关注与好评，探索了图书馆服务的创新模式，通过数据挖掘技术，改进了图书馆服务的理念，增强了个性化创新服务的质量。

第三节　大数据与高校图书馆创新服务

一、大数据的概念

美国政府通过 Data.gov 网站开放政府数据，部分计算机专家首次提出大数据概念，2012 年，美国政府发布了《大数据研究和发展倡议》，标志着大数据已经成为重要的时代特征。2013 年，大数据元年的到来，使数据成为资源，几乎所有世界级互联网企业，都将业务触角延伸至大数据产业。以我国的人口规模和经济体量，以及地区发展差异，注定了我国在发展大数据的过程中必然任重道远。2015 年 9 月，国务院印发《促进大数据发展行动纲要》，十八届五中全会更是将大数据建设上升为国家战略。

（一）何为大数据

随着计算机、互联网、物联网的发展，大数据云计算的出现，使很多管理服务可以针对每一个人或者每一家企业单位的需求，通过高强度的计算，相当于复杂的数据分析方式，它强调原始数据的采集和积累，但又不是单纯的数据积累和数据再分析，而是在数据发生的过程中就把问题找出来。可以说，大数据是新一代的信息技术，是一种适时的数据分析和反映，其反应速度和结果是高效的，精准的，它的出现必然会掀起一个更迅猛的高潮，据估计5年之内，大数据会在中国各个行业遍地开花。

（二）大数据有何特征

大数据是随着人类历史上五次媒介革命而产生的，经历过语言文字到广播通讯到后来的视频技术，计算机互联网的发展而来。由平台、数据采集、建立模型、编制代码到最后呈图像。其具有4大特点：大量、多样、高速和价值。其核心是数据的积累。

二、大数据给图书馆带来的机遇和挑战

传统图书馆建设是通过馆藏、流通借阅、参考咨询等服务提高其竞争力，使得图书馆资源同质化严重，资源配置极其浪费，重复建设严重。互联网设备的普及，以及高校图书馆资源配置的固化，使得传统高校图书馆读者流失严重，读者到馆率每况愈下。使传统高校图书馆倍感压力，如何改变这种现状，需要我们每一个图书馆人认真思考。高校图书馆发展至今，一直遵循传统与新技术结合的道路。新思想、新技术的产生，可以让我们吸收、传播、学习得更好，这是我们的机遇。

三、高校图书馆服务模式存在的问题

高校图书馆是以图书资源为媒介通过藏借模式对读者进行服务，只是原始的借阅和还书服务，后来根据需要发展了参考咨询业务，计算机的普及，互联网的发展，尤其是中国知网、超星等商业数据库的推出，移动设备和数字资源的普及和开发，极大地方便了读者获取信息资源的途径。电子书籍的出现，更是使以纸质为媒介的传统图书馆在读者服务上感觉茫然。要想改变这一现状，需要借助大数据技术对读者需求展开调查和分析，满足读者对图书馆的需求。

四、大数据时代高校图书馆服务创新的策略

高校图书馆是以本校开设学科办学为基础来配置藏书资源，其目的是为学校的教学和科研工作服务，长期以来，都只注重借阅等传统的被动式服务方式运行，可以说只注重了数据收集而忽略了数据的分析，更缺乏分析的结果并采取对应措施。高校要发展，科研学

术水平的提高必不可少，这就需要图书馆依托数据资源，转变服务模式，更好地适应高校教学和科研工作。

（一）提高图书馆在高校认知度

长期以来，图书馆在高校科研工作中都是被动式的服务，高校各系之间都有自己独立的资料室，搞科研的都有自己的资料来源，对图书馆参与自己科研项目认同度不高也不积极，而图书馆人员职业构成也很复杂，这就造成了各系室对图书馆提供自己有用的服务产生怀疑。图书馆要改变这以现状，首先在人员职业构成上要改变，只有走专业化的道路，并通过图书馆自身宣传和建设，通过互联、互通，打消对方疑虑，才能提高图书馆在高校的认同感和认知度。

（二）提升馆员素质，创新服务手段

图书馆不只是为本校师生提供传统图书借阅服务，更是为学校教学和科研服务的单位，一切工作都应围绕这一主题工作，大数据需要采集、导入和预处理，数据量很大且变化很快，需要涉及统计和分析技术。可以说大数据更是一种思维方式，它颠覆了我们以前的认知，是一种新一代的信息技术，它不仅改变了社会运行方式更是一种基于信息数据的管理和服务创新。笔者认为，大数据是一种显性数据，最重要的是对比和分析，需要投入大量的人力加以分析其规律，并找出其共性和特点。这需要图书馆员通过学习和培训具备相应的专业知识，只有具备了相应的专业知识，提高图书馆员的专业技能，才能依托大数据技术创新服务手段，更好地适应高校的发展需要。

（三）创新激励机制，倡导以人为本

创新离不开人才培养，高校图书馆员是为读者服务的人群，他们自身也是需要激励和关怀的人群，高校图书馆的创新机制首先离不开对图书馆员的激励机制和人文关怀，图书馆合理的布局，优雅的学习环境，和谐的同事关系和师生关系，良好的职业道德，才是激发图书馆员创新服务的基础动力，真正做到了以人为本，才能使图书馆员和读者有了归属感，从而形成一种图书馆特有的文化氛围。

（四）提高图书馆智能水平，提升资源共建共享

大数据的建立首先是要能够存储数据和处理数据，并且数据来源要实现多源头来印证，图书馆信息资源建设会越来越依赖网络，机器跟网络会智能化，数据会成为信息的代名词，加强适合图书馆的服务技术和设备建设如智能借还设备，自主查重查新设备等，使图书馆工作人员从简单繁杂的工作中解放出来，提高图书馆服务效率。高校图书馆资源建设不仅要以本校学科专业为基础建设馆藏，更要加强与其他高校图书馆和公共图书馆实现数据相连，实现互通有无，共享数据库和研究成果，根据本校需求有选择地购买如知网，万方等商业数据库，更好地充实本校数据资源。

（五）加强文献建设，开展学科馆员制度

新型图书馆有别于传统图书馆的价值就在于对文献的再处理深度，二次文献和三次文献的整理和研究是体现图书馆价值的所在，高校各学科学术水平的提高离不开图书馆的文献资源支撑，密切图书馆与高校各系室之间的联系，建立适合本校的学科馆员制度，通过大数据的分析和挖掘，建设具有自己特色的图书馆数字资源，在服务中寻求创新。

大数据的到来，不会以个人的意志为转移，它是实实在在的，是社会和经济长期发展和积累的成果。大数据的到来使我们在迈进一个智能化的时代，大数据为高校图书馆的服务创新提供了一个崭新的平台，机会只为勇于实践和探索的人而设立，高校图书馆应依托现有资源，合理运用大数据进行挖掘、分析，创新图书馆服务模式，以高效优质的服务更好地吸引读者把图书馆研究成果运用到教学和科研上面。鼓励读者参与图书馆的资源建设，实现共建共享图书馆资源，不断提高图书馆员的业务水平，使高校图书馆资源配置更加合理，更好地为高校教学和科研服务。

第四节　移动学习的高校图书馆学科服务创新

一、移动学习的含义

从不同的角度出发，学术界对于移动学习的定义有不同的理解。刘建设将移动学习定义为：利用无线移动通信网络技术以及无线移动通信设备等获取教育信息、教育资源和教育服务的一种新型学习形式，其目标是希望学习者能够在任何时间、任何地点，以任何方式学习任何知识。这一定义从硬件设备、内容和目标3个方面对移动学习进行了界定，其中硬件设备是基础，定义中的无线移动通信设备可以包括手机、个人数字助理、平板电脑等；内容是核心，是学习者进行移动学习的目的；目标则是移动学习的发展方向。

二、移动化学科服务的构想

我们可以把基于移动学习的学科服务称为移动化学科服务，移动化学科服务融合移动学习的诸多优势与特点，同时可以利用种类繁多的移动应用（APP），是学科服务新的发展方向。

（一）移动学习应用于学科服务的优势

移动学习作为电子化学习的一种新形式，它继承了电子化学习的众多特点，除此之外，移动学习还拥有诸多传统和电子化学习所无法比拟的优势。

1.打破时空限制。移动学习区别于传统学习的一大特点就是打破了时空限制。一直以来，读者必须在图书馆里或者必须拥有一台可以联网的计算机才可以利用图书馆的学科服务，即接受服务的时间和位置相对固定。而移动学习时代下的读者，可以轻松打破时空限制，在任何拥有无线网的时间和地点中，都可以利用图书馆的学科服务。

2.服务门槛低。很多年前，移动学习一直停留在口号和概念的阶段，主要原因之一就是移动设备的价格相对较高，这给移动学习设置了较高的门槛。随着智能手机的普及，尤其是国产大屏智能手机价格的不断降低，使得硬件设备这一移动学习的最大障碍已经不复存在，相反，相对于计算机的高昂费用，价格相对较低的智能手机已经成为助推移动学习的最大动力。

3.较好的时效性与互动性。智能手机可以安装种类繁多的社交应用，这些应用具有的互动性和信息传播的时效性毋庸置疑。这些 APP 可以在读者和图书馆之间建立起实时的信息通道，便于读者快捷、高效地利用高校图书馆的学科服务。

（二）可被使用的代表性工具

1.移动 QQ。截至 2014 年 4 月，腾讯 QQ 同时在线用户数已然突破两亿人次。此外，腾讯的手机 QQ 技术已十分成熟，用户数量相当庞大。因此，移动 QQ 可以作为读者和高校图书馆学科服务实时沟通的工具。另外，QQ 群也为学科服务团队与大量读者同时互动提供了可能。

2.微博。微博发布伊始便受到了高校图书馆界的广泛关注，很多高校图书馆都注册并开通了官方微博以作为发布信息的主要途径。目前，业内最大的两家微博服务商新浪和腾讯都发布了自己的手机客户端，以便用户通过手机使用微博服务。

3.微信订阅号。微信订阅是腾讯公司的微信团队在其 5.0 版本中推出的一项新功能。任何用户均可免费开通订阅号，开通订阅号的用户可以发布信息，所有关注此订阅号的用户都可以接收到信息，并且可以与信息的发布者互动交流。目前包括清华大学、沈阳师范大学在内的诸多高校图书馆都开通了订阅号服务，并通过其发布新书推荐等信息。

4.微信服务号。服务号也是在微信 5.0 版本中的一项新的功能，用户不但可以利用服务号进行信息发布，同时还可以进行业务办理。包括南京大学、中国人民大学在内的诸多高校图书馆开通了服务号，并在其服务号中融入了 OPAC 与电子资源的部分功能，读者可以通过这些图书馆的服务号完成图书续借、预约、权限开通、电子资源阅览等操作。

（三）高校图书馆学科服务创新

1.移动信息素养教育

信息素养教育一直以来都是业界极力推广的一项学科服务，但是集中大块时间对读者开展信息素养教育的可行性逐渐降低；另外，数据库资源的常规使用方法已经较为普及，大规模培训的必要性也相应降低。因此一些高校图书馆开始尝试时间相对较短的"微讲座"。

以沈阳师范大学图书馆为例，该馆在学院例会时，仅利用5-10分钟向院系教师介绍数据库的某些特殊功能，较短的培训时间和较少的培训内容，不但不会影响学院的会议进程，反而提高了培训效果。此外，上海交通大学图书馆对学生的资源培训也控制在10分钟以内。这类"微讲座"在移动学习时代具有很强的生命力，高校图书馆可以选取某些特色资源或资源利用技巧，录制简短的培训视频或制作内容精炼的培训课件，发布到专用的移动学习平台供读者学习，以达到信息素养教育的目的。

2. 学科资源的数字化

进入移动学习时代，读者利用移动设备阅读学术专著、学术论文的需求也逐渐显现出来。传统文献的数字化技术已经十分完善，另一方面，各数据库商推出的移动阅读终端说明电子资源的移动化阅读不存在技术上的障碍，这些技术使高校图书馆向读者提供移动化的学科资源成为可能。在移动化学科资源的提供方面，上海交通大学图书馆的经验值得借鉴。该馆与院系合作，由专业教师提供教学参考书目，图书馆负责这些图书的数字化加工及处理工作，并将其上传至专门的移动阅读平台中，学生可以利用移动阅读设备访问该平台，并阅读相关的教学参考书。实践证明，这一工作思路使得该馆的数字化资源得到高效利用，也为同学们提供了新的学习方式，实现了学科服务工作的新突破。

3. 传统服务向移动终端移植

很多传统的、基础的学科服务都需要读者到馆办理，在移动学习时代，这些学科服务都可以移植到移动终端中来。在实际工作中，已经有很多高校图书馆开始尝试利用微信服务号开展移动化服务，但主要集中在借阅、信息查询之类的基础服务范围之内，利用微信服务号提供学科服务的图书馆还未曾出现。高校图书馆可以尝试将培训预约、数字资源远程访问权限开通、课题跟踪、科技查新等服务的申请表单通过微信服务号提供给读者，允许读者填写电子表单即可开通相应权限或申请相关服务。这在很大程度上简化并降低了读者获取服务的难度，同时，时尚的服务方式也能够激发读者的兴趣，起到一定的宣传作用。

4. 移动化学术信息资源推送

学术信息资源的推送是学科化服务的一项基本工作，要求高校图书馆整合学术会议资讯、科研动态以及其他学术信息，并有计划、有目标、及时地推送给相关学科的师生。业界常用的学术信息推送途径以邮箱为主，读者利用电脑登录自己的邮箱，并阅读这些学术信息。移动学习时代，读者有通过移动设备接收学术信息的需求。新浪、网易等邮件服务商都推出了移动客户端，方便读者利用移动设备收发邮件，这为学科服务提供了良好的平台，高校图书馆不需要任何投入即可满足读者在移动学习时代的学术信息需求。此外，高校图书馆还可建立学科服务QQ群，将同一学科的读者整合在一个QQ群当中，并把学术信息上传至相对应的学科服务群，以便读者随时下载、随时利用。

5. 建设移动学术交流平台

移动学术交流平台是虚拟学习社区概念的延伸。远程教育领域中的虚拟学习社区，注重隐性知识的交流和外化，强调的是虚拟学习空间中个体的交流，而交流正是移动学习的重要设备——手机的强项所在。短信和移动社交软件已经让读者对于利用手机进行交流习以为常，这也为高校图书馆建设移动学术交流平台提供了很好的用户基础。一个好的、能够提升学习动机的移动交流平台应当包括允许群发的短信服务、移动RSS服务、允许任何人发布的投票调查功能、移动博客、允许两人或多人交流的即时通讯服务等内容。

三、需要注意的问题

（一）服务宣传与资源推广问题

酒香也怕巷子深，再好的移动化学科服务，不被读者熟知和了解也是徒劳。因此，高校图书馆应当敢于宣传自己的服务和平台。①对于宣传材料的设计与制作，力求做到让读者过目不忘。②应当扩大宣传途径，力争利用一切渠道向读者进行宣传。③服务效果是最好的宣传手段，因此，学科服务团队应在服务效果上多下功夫。④找准切入点，选择有意向的学院和教师开展合作，并通过这些成功的案例向其他读者进行宣传。

（二）工作计划与实施步骤问题

移动化的学科服务，尤其是移动学术资源的建设是一项庞大的系统工程，不可能全面铺开，需要有重点、有计划地逐步展开。一方面，如果急功近利，力求扩大服务的覆盖面，难免会顾此失彼，影响服务效果，也不利于工作的进一步展开，因此在服务对象的选择上，应当选取那些学校的重点学科、重点专业优先开展。另一方面，在选择服务内容之前，应当做好充分的调查取证，根据服务对象的特点和实际需求，有针对性地确定服务内容，避免"闭门造车""自娱自乐"。总之，合理的工作流程和较好的工作效果离不开周密的计划与安排，移动化学科服务工作的开展应当谋定而后动。

（三）服务流程与用户体验问题

简单易用的流程是任何用户利用某一服务或产品的主要动力之一，图书馆的服务也不例外。OCLC的一项报告显示，面对巨大的工作压力，科研人员更愿意选择能简化其工作的信息工具和服务，只要能够帮助科研人员节约时间、简化工作，即便这些工具和服务存在缺陷，科研人员也愿意进行尝试。因此，移动化的学科服务要想收获良好的服务效果，必须将服务流程设计得简单易用，否则就可能被读者所抛弃。同时，移动化的学科服务还应注重给读者提供良好的用户体验，这是驱动读者享受服务的另一重要动力。除了简单的服务流程之外，友好的平台界面、较高的服务效率都能提高用户的体验，因此这也是移动化学科服务需要考虑的问题之一。

（四）服务团队的人员构成问题

移动化学科服务并不是单一馆员所能完成的，因此必须构建一支完整的、职能清晰明确的服务团队。完整的服务团队应包括：①组织协调人员。这是整个团队的核心所在，把握着学科服务的发展方向和服务重点，可由馆长或业务副馆长担任。②服务推广人员。负责移动化学科服务及服务平台的推广工作，可由资源培训馆员担任。③咨询回复及业务处理人员。移动服务势必涉及移动咨询业务，应当由熟悉馆内资源概况、业务流程的资深馆员或学科馆员担任。④技术支持人员。负责移动学科服务平台的维护工作，可由移动学科服务平台提供商或馆内技术人员担任。⑤读者代表。负责从读者角度向移动学科服务团队反馈相关问题，进而提升服务的效果。

（五）知识产权的保护问题

知识产权保护问题伴随着图书馆走过了其发展的各个阶段，从纸质资源时代，到后来的电子资源时代，知识产权的保护问题都是图书馆界所无法回避的问题。到了移动学习时代，知识产权的保护问题更加需要引起业界和读者的重视。对下载到本地的资源设置有效期、限制资源在不同设备之间的复制与传递等技术都可以被应用到移动化学科服务中来，以保证产权人的合法权益。同时，还应加大力量强化读者的知识产权保护意识，尊重产权人的劳动成果和权益，也只有这样，才能保护产权人的创作热情，进而为读者提供更为优秀的移动学术资源。

参考文献

[1] 邱均平，等 . 论知识经济中的知识管理及其实施 [J]. 图书情报知识，1999，(3)：9-13.

[2] 柯平 . 知识管理在图书馆中的应用研究 [J]. 图书馆学研究，2003，(9)：8-12.

[3] 覃凤兰 . 基于知识管理的高校图书馆知识服务模式研究 [J]. 情报杂志，2007，(5)：118-120.

[4] 吴建中 . 浅谈 21 世纪图书馆发展趋势 [J]. 图书馆杂志，1997，(l)：35-37，26.

[5] 杨荣然 . 知识管理在高校图书馆的应用与发展 [J]. 图书馆论坛，2003，(5)：30-31，65.

[6] 盛小平 .21 世纪的图书馆知识管理 [J]. 图书馆杂志，1999，(8)：29-31.

[7] 吴慰慈 . 从信息资源管理到知识管理 [J]. 图书馆论坛，2002，(5)：110-113.

[8] 刘雪飞，张芳宁 . 图书馆知识服务模式及发展趋势分析 [J]. 图书馆理论与实践，2012，(10)：110-112.

[9] 李荣，刘旭 . 对新环境下开展学科化服务的思考 [J]. 图书馆学研究，2010，(4)：78-80.

[10] 麦淑平 . 图书馆知识服务模式研究 [J]. 图书馆建设，2010，(6)：72-75.

[11] 柯平 . 新世纪图书馆需要知识管理和知识服务 [J]. 新世纪图书馆，2005，(6)：13-15.

[12] 姚晨璐，李永先 . 基于知识管理的图书馆核心竞争力研究 [J]. 图书馆学刊，2013，(11)：7-8.

[13] 李育嫦 . 数字图书馆信息资源共享现状及保障机制研究 [J]. 图书馆学研究，2014(03)：43-44.

[14] 董燕云 . 计算环境下公共图书馆信息资源共享模式与运行机制研究 [D]. 济南：山东大学，2014.

[15] 黄翔 . 图书馆信息资源合作共享问题与对策研究 [D]. 广西大学，2013.

[16] 过仕明，张雨娴 . 图书馆信息资源共享平台建设影响因素的定量分析 [J]. 情报科学，2013(10)：89-91.

[17] 李秦燕 . 网络环境下高职院校图书馆文献信息资源建设的思考 [J]. 现代企业文化，2017(3)：180-181.

[18] 唐细英，付婷，陈文峰 . 网络阅读和高校图书馆文献信息资源建设的发展 [J]. 科技风，2017(2)：171-171.

[19] 刘霞，马晓，刘素颖．网络环境下军队院校图书馆文献信息资源建设的对策 [J].科技文献信息管理，2016(3)：38-39.

[20] 刘安定．云环境下图书馆信息资源建设的机遇、挑战与策略研究 [J].赤峰学院学报（自然版），2016，32(8)：192-194.

[21] 徐建华．现代图书馆管理 [M].天津：南开大学出版社，2003.

[22] 董华，张吉光．城市公共安全——应急与管理 [M].北京：化学工业出版社，2006.

[23] 彼得·德鲁克．管理的实践 [M].北京：机械工业出版社，2009.

[24] 郝建军．基于智库理念的图书馆参考咨询服务转型与建设研究 [J].图书馆学刊，2016(12)：79-81.

[25] 王喜平．基于智库理念的数字图书馆参考咨询服务模式研究 [J].河南图书馆学刊，2015(09)：112-114.

[26] 崔海英．服务主导型数字图书馆理念下的图书馆虚拟参考咨询服务研究 [J].现代情报，2005(12)：81-86.

[27] 肖希明．信息资源建设：概念、内容与体系 [J].中国图书馆学报，2006，32(5)：5-8.

[28] 程焕文，潘燕桃．信息资源共享 [M].北京：高等教育出版社，2004.

[29] 肖希明．信息资源建设 [M].武汉：武汉大学出版社，2008.

[30] 周晓英，宛玲．信息资源管理 [M].北京：首都经济贸易大学出版社，2012.

[31] 高波，吴慰慈．从文献资源建设到信息资源建设 [J].中国图书馆学报，2000，26(5)：24-27.

[32] 杨文祥．信息资源价值论 [M].北京：科学出版社，2007.

[33] 金，李晓娜．图书馆信息资源建设适度水平相关理论 [J].图书馆，2012，(3)：30-33.

[34] 陈源蒸著．宏观图书馆学 [M].北京：北京大学出版社，1989.

[35] 汤利光．论图书馆价值共识 [J]，高校图书馆工作，2016(4)：8-12.

[36] 白雪．关于高校开展勤工助学工作的思考 [J].学校管理，2015(11)：185.

[37] 许开风．图书馆制度文化浅说 [J].图书馆论坛，2005(4)：26-28.

[38] 衣俊卿．大学使命与文化启蒙 [M].哈尔滨：黑龙江大学出版社，2007.

[39] 王邦虎．校园文化论 [M].北京：人民教育出版社，2000.

[40] 刘德宇．高校校园文化发展论 [M].青岛：中国海洋大学出版社，2004.